Ein WAS IST WAS Buch

Die Völkerwanderung

Von Hans Reichardt

Illustrationen von Anne-Lies Ihme und Gerd Werner

Wissenschaftliche Überwachung
Professor Dr. Walther Ludwig
Universität Hamburg

Reiterstein von Hornhausen. Das Grabrelief zeigt einen germanischen Reiter, wahrscheinlich den hier Begrabenen, über einem Schlangengeflecht, einem Symbol des Totenreichs.

Tessloff Verlag · Hamburg

Vorwort

Immer wieder kam es in den letzten fünf Jahrtausenden vor, daß ganze Völkerschaften ihre Siedlungsgebiete verließen und sich in oft mühseligen und langwierigen Märschen eine neue, oft weit entfernte Heimat suchten. Dies geschah entweder aus Landnot oder wegen eines Klimawechsels oder auch, weil andere Völker sie aus ihrer Heimat vertrieben. Solche tief in die Weltgeschichte eingreifenden Völkerwanderungen, wie der Historiker diese Wanderbewegungen nennt, sind aus fast allen Teilen unserer Erde bekannt. Archäologische Funde, vergleichende Sprachwissenschaft und schriftliche oder gar mündliche Überlieferung bezeugen die Auswirkungen der Völkerwanderung bis in unsere Zeit.

Dieses WAS IST WAS-Buch berichtet in Wort und Bild sowie an Hand zahlreicher zeitgenössischer Dokumente von der wohl dramatischsten und folgenschwersten Völkerwanderung: Es erzählt von der Bewegung der germanischen und einiger anderer Völker vor etwa 1600 bis 1300 Jahren, die man heute als „die Völkerwanderung" schlechthin bezeichnet. Der Leser erfährt gleichsam als Augenzeuge, wie und warum die Germanen aufbrachen, was sie dabei erlebten und erlitten.

Wenn hier von „Germanen" die Rede ist, sind auch die Goten, Alemannen und andere Stämme gemeint, die einst aus dem Norden und Osten gekommen sind und in Mitteleuropa siedelten. Weil der römische Historiker Tacitus zuerst den Stamm der Germanen kennenlernte, nannte er auch alle anderen so.

Das Buch erzählt, wie das alte Imperium Romanum zugrunde ging. Es berichtet aber auch von berühmt gewordenen germanischen Fürsten, die die Grundlage zu Reichen und Ländern legten, die noch bestehen.

Copyright © 1982 bei Tessloff Verlag, Hamburg
Veröffentlicht in Übereinkommen mit Grosset & Dunlap, New York.
Die Verbreitung dieses Buches oder von Teilen daraus durch Film,
Funk oder Fernsehen, der Nachdruck und die fotomechanische Wiedergabe
sind nur mit vorheriger schriftlicher Genehmigung des Verlages gestattet.
ISBN 3 7886 0407 7

Inhalt

Europa vor der Völkerwanderung — 4

Welche Tugenden rühmten die Römer an den Germanen? — 4
Welche Stände gab es bei den Germanen? — 5
Mit welchen Waffen kämpften die Germanen? — 5
Wann verließen die ersten Germanen ihre Heimat? — 7
Welcher Germane wurde römischer Kaiser? — 8
Warum wollten die Germanen den Limes erstürmen? — 9
Wo formierten sich die Germanen zum Angriff auf Rom? — 10

Die Hunnen greifen an — 11

Wie schilderten römische Historiker die Hunnen? — 11
Wo war die Urheimat der Hunnen? — 12
Womit begann die Völkerwanderung? — 14
Wann wurde das Römische Reich aufgeteilt? — 15
Wie wurde Attila Alleinherrscher der Hunnen? — 16
Wie lebte man am Königshof des Attila? — 17
Welchen Glauben hatten die Hunnen? — 18
Warum zog Attila mit seinem Heer nach Westen? — 19
Wie kämpften die Hunnen? — 19
Wie endete die Herrschaft der Hunnen? — 20

Die Goten auf dem Marsch — 21

Wo war die Urheimat der Goten? — 21
Warum teilte sich der Stamm in Ost- und Westgoten? — 22
Was schließt man aus Funden in gotischen Gräbern? — 23

Das Reich des Theoderich — 24

Wer war der erste bekannte König der Ostgoten? — 24
Was nannten die Germanen „Heil"? — 25
Wie mächtig waren die germanischen Könige? — 26
Wo ließen sich die Ostgoten nieder? — 27
Warum bekam Theoderich den Beinamen „der Große"? — 28
Wie starb König Odoaker? — 29
Welcher neue Gedanke steckte hinter Theoderichs Außenpolitik? — 30
Warum ernannte Amalasuntha einen Mitregenten? — 31
Wie regierten die Langobarden? — 33

Der Weg der Westgoten — 34

Wie unterschieden sich Arianer von Katholiken? — 34
Warum brachen die Westgoten den Vertrag mit Rom? — 35
Das gotische Vaterunser — 35
Warum wollte Alarich nach Nordafrika? — 36
Wie wurde Theoderich II. erzogen? — 38
Wie verloren die Könige der Westgoten ihre Macht? — 38

Der Zug der Wandalen — 39

Wann kamen die Wandalen nach Mitteleuropa? — 39
Wo wurden die Wandalen zu Seefahrern? — 40
Warum rief Bonifatius die Wandalen nach Nordafrika? — 41
Wie lebten die Wandalen in Nordafrika? — 41
Wie endete das Reich der Sweben? — 43

Europa nach der Völkerwanderung — 44

Wann ging die Völkerwanderung zu Ende? — 44
Aus welchem Reich entstand Deutschland? — 45
Wann drangen die Slawen nach Mitteleuropa vor? — 45
Wie veränderte die Völkerwanderung die Lebensweise der Europäer? — 46
Wie wurden Könige und Kirche Träger der europäischen Kultur? — 47

Die Völkerwanderung in der Sage — 48

Wie entstehen Heldensagen? — 48

„Der Heilige Hain", Gemälde von Arnold Böcklin. Die Germanen waren Waldbewohner und verehrten ihre Götter in offenen Hainen; sie glaubten, daß Götter sich nicht in Wänden einschließen ließen.

Europa vor der Völkerwanderung

Welche Tugenden rühmten die Römer an den Germanen?

Wer sich — auf die Schriften römischer Historiker gestützt — ein Bild von den in Mittel- und Osteuropa ansässigen Germanen machen will, dem müssen unsere Vorfahren als wahre Übermenschen erscheinen. Der römische Geschichtsschreiber Tacitus (55 bis 116) und andere Historiker jener Zeit bescheinigen den Germanen neben einer unübertroffenen Tapferkeit so hervorragende Eigenschaften wie unbedingte Treue, Unbestechlichkeit, Anspruchslosigkeit, Gleichgültigkeit dem Gold gegenüber und vor allem ihre hohe sittliche Moral.

Gar solche Engel waren die Germanen wohl nicht. Die Überschätzung, die sie von den römischen Historikern erfuhren, hatte vor allem zwei Gründe:

- Die wenigsten Geschichtsschreiber kannten die Germanen aus eigener Anschauung; ihr Wissen von den „Barbaren" stammte meist nur vom Hörensagen.
- Die römischen Historiker wollten der Dekadenz und den verfallenden Sitten der Römer eine Art Spiegel vorhalten: Seht her, so ehrenhaft sind die Barbaren (und so unehrenhaft seid ihr!).

Verläßlicher sind daher die Schriften der Geschichtsschreiber, die im Dienst germanischer Herrscher standen und inmitten germanischer Völker lebten. Hier gibt es zum Glück eine Reihe von

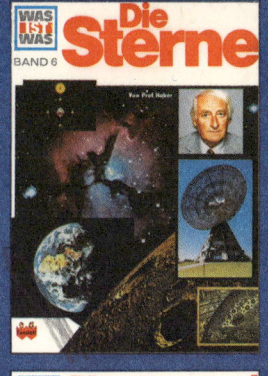

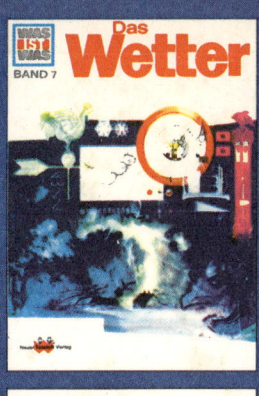

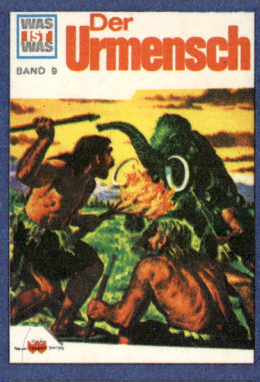

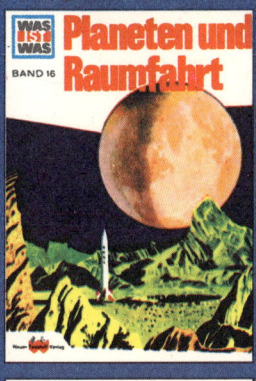

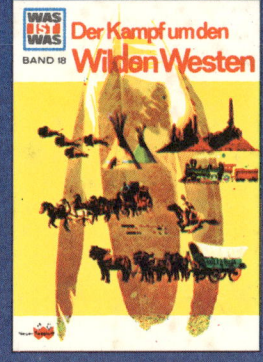

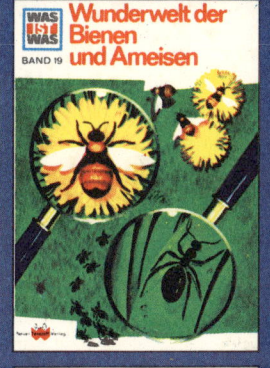

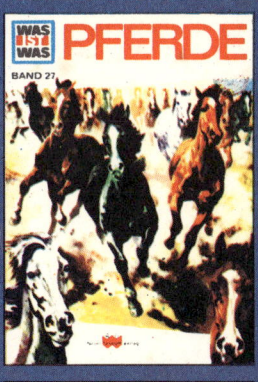

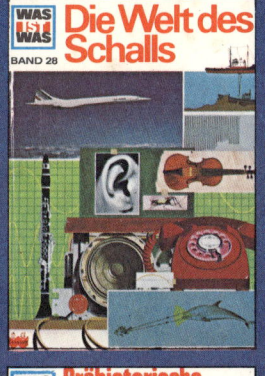

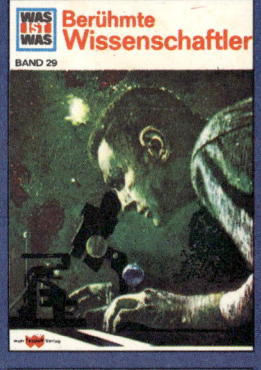

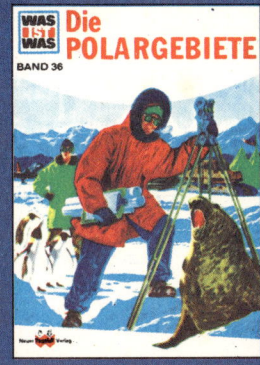

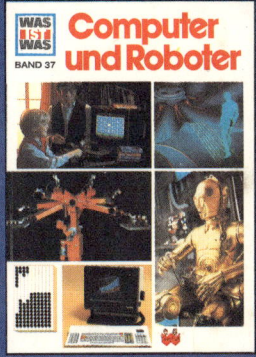

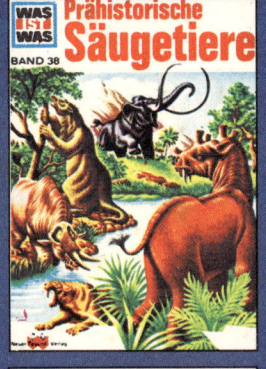

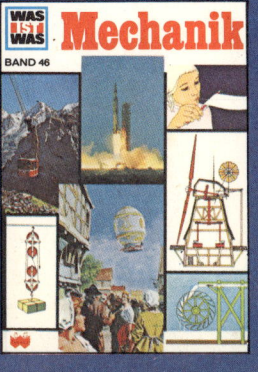

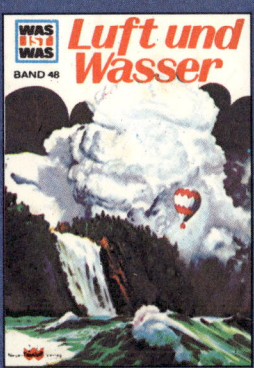

Weitere Titel siehe letzte Seite.

Berichten, die uns ein recht genaues Bild der Germanen vor der Völkerwanderungszeit geben.

Die Germanen lebten in einer streng patriarchalischen, das heißt auf Befehl und Gehorsam aufgebauten Gemeinschaft. Grundlage des Zusammenlebens war die Sippe, also der Familienverband der Blutsverwandten. Rechts- und Ehrschutzfragen wurden im Normalfall innerhalb der Sippe, notfalls durch die Blutrache geklärt. Auch im Krieg blieben die Kämpfer innerhalb ihrer Sippen zusammen. Mehrere Sippen wurden in einem Gau zusammengefaßt, der Gau umfaßte mehrere Hundertschaften, die in einem gemeinsamen Siedlungsgebiet lebten. Über den Gauen stand der Stamm, der vom Nachbarstamm meist durch Wald- oder Ödlandstreifen getrennt war.

Im Stamm gab es eine strenge Einteilung in Freie, Halbfreie und Sklaven.

Welche Stände gab es bei den Germanen?

Nur die Freien waren zum Wehrdienst verpflichtet und hatten politische Rechte wie zum Beispiel die Entscheidung über Krieg und Frieden und die Teilnahme am Thing, der über wichtige Fragen des Stammes entschied.

Über den Freien stand der Adel, aus dem sich bei mehreren Stämmen etwa um die Zeitenwende das germanische Königstum entwickelte. Der König war höchster Priester, höchster Richter und höchster Heerführer in einer Person.

Die Germanen wohnten entweder in Einzelhäusern oder kleinen Dörfern. Das germanische Haus war das dreischiffige Hallenhaus, dem später das massive hölzerne Pfostenhaus folgte, bei dem Wohnräume, Küche und Stall unter einem gemeinsamen Giebeldach lagen.

Die Germanen waren Wanderbauern und Viehzüchter, also ein Mittelding aus Nomaden und fest angesiedelten Landbewohnern. Eine Fruchtfolge, also die Aufeinanderfolge bestimmter Feldfrüchte, um der Ermüdung des Bodens und der Verbreitung von Schädlingen oder Bodenkrankheiten vorzubeugen, kannten die Germanen nicht. Sie konnten ihre Äcker nur kurzfristig bewirtschaften und mußten sie dann längere Zeit hindurch brach liegen lassen. Damit ist erklärt, warum die Germanen trotz geringer Bevölkerungszahlen ständig an Landmangel litten und auf der Suche nach neuen Äckern immer weiter zogen.

Die Erzgewinnung und die Metallverarbeitung spielten in der germanischen Wirtschaft bedeutende Rollen. Ihre Waffen, die Lanze, das einschneidige und das zweischneidige Schwert waren von hoher Qualität und begründeten die später errungene militärische Vorherrschaft der Germanen über die antike römische Welt. Bei Belagerungen benutzten sie fahrbare hölzerne Türme, die die Höhe der Verteidigungswälle hatten und von Ochsen gezogen wurden. Außerdem benutzten sie Sturmleitern und „Widder", das wa-

Mit welchen Waffen kämpften die Germanen?

Modell eines germanischen Hauses zu Beginn der Völkerwanderungszeit. Wohnräume, Küche und Ställe lagen unter einem Dach.

Zwei germanische Fibeln aus dem 4. Jahrtausend, gefunden bei Breslau. Fibeln sind oft aus Edelmetallen und kunstvoll mit Schmucksteinen verziert.

ren Sturmböcke, um die Mauern der feindlichen Festungen zum Einsturz zu bringen.

Neben der Kunst, Waffen zu schmieden, stand auch das kunsthandwerkliche Handwerk in hoher Blüte. Fibeln, das waren mit reichen Ornamenten geschmückte Nadeln zum Zusammenhalten der Kleidung, sowie Schnallen und andere Schmuckstücke, die man in Fürstengräbern gefunden hat, zeugen von hoher Kunstfertigkeit.

Zwischen den Germanen und den benachbarten Völkern gab es regen Handelsverkehr. Vierrädrige hölzerne Karren, die von Rindern gezogen wurden, brachten Bernstein, Salz, Felle und Wolle zu den Kelten und Römern, in der Ewigen Stadt war außerdem blondes Frauenhaar für die Perückenherstellung ein begehrter Importartikel.

Die Germanen bezogen von den Römern dafür Wein und einige Bedarfsartikel, die zwar auch in Germanien hergestellt wurden, aber bei reichen Germanen als besser galten. Römischen Schmuck zu tragen galt bei den Germanen als „modern".

Weinschiff, Relief am Grabmal eines germanischen Weingroßhändlers aus dem 3. Jahrhundert. Beim Handel mit den Germanen war Wein eine begehrte Tauschware.

Wann verließen die ersten Germanen ihre Heimat?

Seit die germanischen Kimbern und Teutonen im Jahr 120 vor Chr. ihre unwirtliche Heimat zwischen Nord- und Ostsee verlassen hatten, um im Süden Europas neue und bessere Weidegründe zu finden, und damit das Römische Reich zum ersten Mal an den Rand des Abgrunds gebracht hatten, waren die Römer von Furcht und Schrecken vor den „blonden Riesen aus dem Norden" gepackt (vergl. WAS IST WAS – Band 62 „Die Germanen"). Diese Furcht wurde fast zur Panik, als Varus 9 nach Chr. in der Schlacht gegen den Cheruskerfürsten Arminius am Teutoburger Wald eine verheerende Niederlage hinnehmen mußte. Zwar konnten die Römer in zwei erfolgreichen Angriffskriegen im Jahr 83 unter Kaiser Domitian Teile des südwestlichen Germaniens zwischen Rhein und Main für sich gewinnen; ein Jahr später begannen sie mit dem Bau des Limes (lat. = Grenzwall), der unter den Kaisern Trajan (98–117) und Hadrian (117–138) noch verlängert und ausgebaut wurde. Aber auch die 1000 Wachtürme dieser Befestigung sowie über 100 hinter der Grenze liegende Kastelle konnten die Grenzen des Imperium Romanum nicht auf Dauer festigen. Immer wieder versuchten germanische Stämme, ihren alten Traum vom Leben im warmen Süden wahr zu machen und in das Römische Reich einzudringen, um dort zu siedeln.

Die folgenden zwei Jahrhunderte waren eine fast pausenlose Folge von germanischen Angriffen und römischen Gegenangriffen: 162 durchbrachen die Chatten den Limes in Württemberg und wurden zurückgeschlagen. Vier Jahre später versuchten Markomannen, Wandalen, Langobarden und Quaden ihr Glück an der Donau und drangen bis

An dem germanischen „Prachtmantel", gefunden im Thorsberger Moor, haben zwei Weberinnen etwa ein Jahr lang arbeiten müssen. Die Germanen trugen normalerweise einen Kittel und im Winter einen Mantel als Schutz gegen die Kälte. Daß sie von den Römern vorwiegend nackt dargestellt wurden, liegt daran, daß sie unbekleidet in die Schlacht zogen.

Gestorbene Germanen wurden auf Scheiterhaufen verbrannt; je größer das Ansehen des Toten, desto höher war der Scheiterhaufen. Noch während die Asche glühte, wurden die Knochenreste herausgesucht und in einer Urne etwa 50 cm unter der Erde beigesetzt. Erst unter römischem Einfluß wurde später die Erdbestattung üblich. Das Foto zeigt germanische Urnen aus dem 3. Jhdt.

zur Adria vor. Kaiser Marc Aurel schlug die Eindringlinge zurück, unterwarf im Gegenangriff Böhmen und Mähren und drang bis nach Galizien vor. Als er 180 an der Pest starb, schloß sein Nachfolger Commodus mit den Barbaren Frieden — die alten Grenzen wurden wiederhergestellt.

Allmählich begriffen die Römer, daß es besser war, die Germanen zum Bundesgenossen statt zum Feinde zu haben. Schon unter Marc Aurel waren germanische Familien als „coloni" (Bauern) auf römischem Gebiet angesiedelt worden. Sie galten als Erbpächter und mußten Kriegsdienste leisten. Kriegsgefangene Germanen waren begehrte Ware auf den Sklavenmärkten; sie galten zwar nicht gerade als fleißig, dafür aber erzielten sie wegen ihrer Treue, ihrer Stärke und ihrer Zuverlässigkeit hohe Preise. Die Bezeichnung „Germane" hörte auf, ein Schimpfwort zu sein; wer Germane war, wurde von den Römern mit Respekt, aber auch mit geheimem Grauen behandelt.

| Welcher Germane wurde römischer Kaiser? |

Dazu trugen auch die vielen jungen „blonden Löwen" (röm. Volksmund für „Germanen") bei, die in die römische Armee eintraten und sich dort im Kriegshandwerk ausbilden ließen. Nach Beendigung der Ausbildung kehrten sie entweder in ihre Heimat zurück, oder sie blieben als Unteroffizier oder Offizier in römischen Diensten, wo sie hohe und höchste Stellungen erreichten.

Einer von ihnen, Flavius Magnentius, wurde sogar Kaiser von Rom. Der Sohn eines germanischen Kriegsgefangenen in Gallien, Kommandeur zweier ruhmreicher Legionen, nutzte die Unzufriedenheit vieler Römer mit Kaiser Constans (323–350) in Rom. Auf einem Festgelage zog Magnentius sich kurzerhand die purpurfarbene Toga an, die nur dem Imperator vorbehalten war, ließ sich zum Kaiser ausrufen und besetzte Italien. Den flüchtenden Constans ließ er ermorden. Seine Herrschaft dauerte allerdings nur drei Jahre; nach zwei verlorenen Schlachten gegen den oströmischen Kaiser Con-

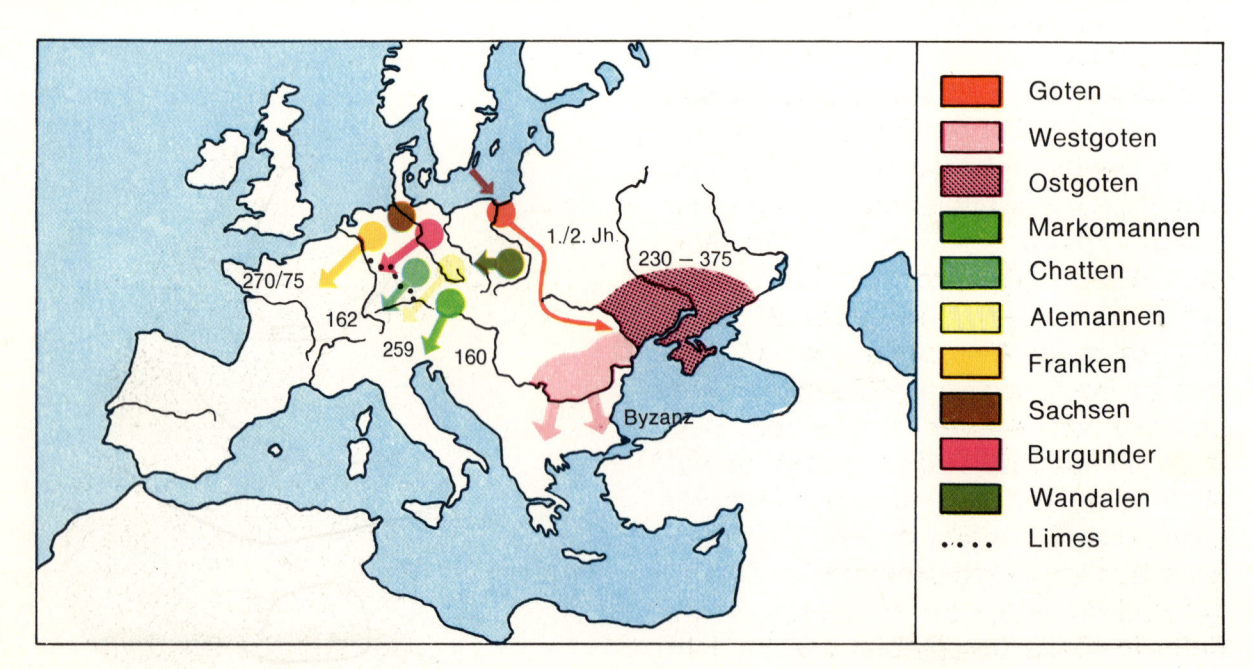

Wanderungen germanischer Völker im 2. bis 4. Jahrhundert, also vor der eigentlichen Völkerwanderung

8

stantius II (337—361) nahm sich der erste Germane auf dem römischen Kaiserthron das Leben.

Trotz vielfältiger militärischer, wirtschaftlicher und kultureller gegenseitiger Durchdringung von Römern und Germanen blieb es am Limes weiter unruhig. Ermuntert vom allmählichen Mächtezerfall des römischen Imperiums attackierten die Germanen die Grenzbefestigungen in Mitteleuropa immer ungestümer. 233 und 234 griffen die Alemannen an und wurden zurückgeschlagen, 20 Jahre später standen sie wieder am Limes. 259 drang ein alemannisches Heer bis nach Norditalien vor, 260 wurden die letzten Limeskastelle erobert und zerstört. Rom gab das rechtsrheinische Gebiet auf und die Alemannen stießen immer tiefer in römisches Gebiet vor. Im Jahr 350 schließlich drangen abermals Ale-

Warum wollten die Germanen den Limes erstürmen?

Germanen im Kampf gegen Römer, ein Fries auf dem Sarkophag eines in Germanien gefallenen römischen Offiziers. Auf dem Oberteil ergeben sich die Germanen dem römischen Feldherrn. Der Sarkophag steht in Rom.

Kniender Germane, Bronzeguß, 3. bis 4. Jahrhundert

mannen, gemeinsam mit Franken und später auch Burgundern, tief in römisches Land ein. Auf linksrheinischem Gebiet zerstörten sie dabei 45 Städte und Siedlungen, darunter Straßburg, Metz, Speyer, Worms, Mainz, Wiesbaden, Xanten und Bonn; Teile von Köln und Remagen konnten sich halten. Die Alemannen besetzten auf breiter Linie das Elsaß, die Pfalz sowie Rheinhessen und begannen dort zu siedeln.

Nun holten die Römer zum Gegenschlag aus. Unter Führung des fränkischen, also germanischen Feldherrn Silvanus eroberten sie 355 Köln zurück; Silvanus wurde noch im gleichen Jahr von römischen Aristokraten ermordet, weil er im Verdacht stand, Kaiser Constantius absetzen zu wollen, um selbst Imperator zu werden. 356 schlug der spätere Kaiser Julian die Alemannen bei Straßburg und fügte ihnen schwere Verluste zu. Drei Jahre später, nach einer Reihe weiterer verlustreicher Kämpfe, gaben sich die Alemannen vorläufig geschlagen und gaben 20 000 römische Kriegsgefangene, darunter viele germanische Soldaten und Offiziere, an Julian zurück. Die ins linksrheinische Gebiet eingedrungenen Franken wurden „Föderaten" (Bundesgenossen) und durften ihr Land behalten, andere Germanenstämme dagegen wurden über den Rhein zurückgedrängt. Von Utrecht bis Mainz ließ Julian am Rhein den Limes wiederherstellen. Die Gefahr schien gebannt; die Römer atmeten auf.

Aber der Aufmarsch der Germanen ging weiter. An der Rheingrenze standen andere Franken-Stämme, hinter ihnen an der Weser die Sachsen, in Schleswig-Holstein die Angeln, an der Elbe die Sueben. Im Gebiet zwischen Rhein und Donau und am Neckar drängten die Alemannen, an sie anschließend, bis nach Ungarn hinunter, saßen die Burgunder, die Wandalen und die Alanen. Die Westgoten waren über die Donau in Nordgriechenland eingedrungen, hinter ihnen saßen Ostgoten und Heruler.

Wo formierten sich die Germanen zum Angriff auf Rom?

Zum Glück für das Imperium Romanum gab es zwischen all diesen Stämmen keine Gemeinschaft, im Gegenteil, sie zerrieben sich in heftigen und blutigen Stammesfehden gegeneinander. Erst eine neue Gefahr, die sich tief hinten in Asien zusammenbraute, gab den germanischen Stämmen eine gemeinsame Stoßrichtung nach Westen — die Hunnen griffen an.

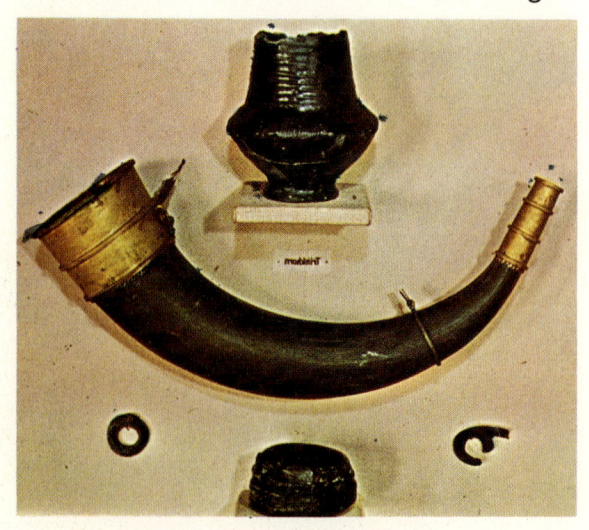

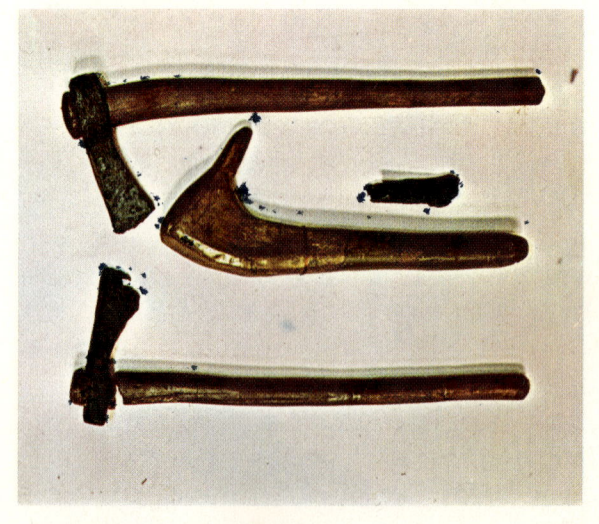

Trinkhorn, Tongefäß und Holzschale

Eiserne Äxte mit Holzschäften

Attila im Kampf gegen Germanen; mittelalterlicher Holzschnitt.

Die Hunnen greifen an

Wie schilderten römische Historiker die Hunnen?

„Sie sind abstoßend häßlich und widerwärtig wie zweibeinige wilde Tiere", schrieb gegen Ende des 4. Jahrhunderts der römische Geschichtsschreiber Ammianus Marcellinus. „Obwohl sie Menschengestalt haben, sind sie durch ihre Lebensweise so abgehärtet, daß sie kein Feuer und keine gewürzten Speisen benötigen. Sie leben von den Wurzeln wilder Kräuter und dem halbrohen Fleisch, das sie zwischen Schenkel und Pferderücken legen und so kurz anwärmen." Und in einem Bericht des Bischofs von Clermont, Sidonius Apollinaris (433—479) heißt es: „Sogar die Gesichter ihrer Neugeborenen sind grauenhaft. Der Nase Doppelröhre darf nicht über die Gesichtsfläche hinauswachsen; die zarten Nasenlöcher werden mit einer Binde umwickelt, damit sie unter das Helmvisier passen."

Diese und zahllose andere Schreckensmeldungen verbreiteten sich in Windeseile durch ganz Europa, als die Hunnen im Jahr 375 aus Zentralasien kommend zum Angriff auf das Abendland antraten. Der schreckliche Ruf dieser „Geißeln Gottes" hielt sich hartnäckig bis in unsere Zeit hinein. Als der letzte deutsche Kaiser, Wilhelm II., seine Marinesoldaten 1901 zur Niederschlagung des Boxeraufstandes* nach China schickte, verabschiedete er sie mit der Aufforderung, sie sollten sich bei ihrem Kampf „wie vor 1000 Jahren die Hunnen unter ihrem König Attila beneh-

---
* Der fremdenfeindliche chinesische Geheimbund der „Boxer" griff 1900 in Peking die Gesandtschaften der fremden Mächte an und veranlaßte diese zum gemeinsamen militärischen Eingreifen.

men", und noch im 2. Weltkrieg sprachen die britischen Soldaten von ihren deutschen Gegnern als „the Huns".
Dabei stimmte in der kaiserlichen Rede weder das Datum des Hunnensturms auf Europa noch die angebliche beispiellose Grausamkeit des Hunnenkönigs Attila (oder „Etzel", wie er in den deutschen Heldensagen heißt). Seine Soldaten, das weiß die heutige Geschichtsschreibung, haben nichts getan, was die Soldaten anderer Völker damals nicht auch getan hätten.

Über Ursprung und Herkunft der Hunnen ist wenig bekannt.

Wo war die Urheimat der Hunnen?

Wahrscheinlich sind sie identisch mit jenem Volk „Hungno" oder „Hsiung-Nu", das erstmals gegen Ende des 3. vorchristlichen Jahrhunderts in chinesischen Schriften erwähnt wird. Die Hungnos waren Reiter und Viehzüchter, die im östlichen Zentralasien nomadisch herumzogen. Nachdem sie jahrhundertelang immer wieder das chinesische Reich überfallen und weite Landstriche besetzt oder verwüstet hatten, errichteten die Angegriffe-

Hungnos, also Hunnen, greifen die Chinesische Mauer an, die im Jahr 217 v. Chr. gebaut wurde. Astronauten berichten, daß diese Mauer das einzige von Menschen errichtete Bauwerk sei, das man vom Mond aus erkennen kann.

nen um 217 v. Chr. die Große Mauer, die später ausgebaut wurde und sich bis heute erhalten hat. Unter ihrem König Mao-Tun (209–174 v. Chr.) gründeten die Hunnen schließlich in der heutigen Mongolei ein eigenes Reich, das jedoch nicht lange Bestand hatte: Die Chinesen griffen es an und besetzten einen großen Teil. Dieser Krieg begann um 140 v. Chr. und dauerte fast 60 Jahre. Er endete mit einer Katastrophe für die Hunnen: Nach einer furchtbaren

Hungersnot gab sich der größere Teil des Volkes geschlagen und lebte einige Zeit unter chinesischer Oberhoheit. Kaum allerdings hatten sich die Hunnen von der Niederlage erholt, griffen sie wiederum zu den Waffen und gründeten ein neues Reich, das erst 618 n. Chr. von der chinesischen Tang-Dynastie endgültig besiegt wurde.

Der andere, kleinere Teil, der sich mit der Unterwerfung nicht abfinden wollte, verließ im letzten Jahrhundert vor der Zeitenwende seine mongolische Heimat und wandte sich nach Westen. Im Jahr 36 v. Chr. stießen diese Hunnen am Aralsee auf die dort ansässigen Alanen, ein iranisches Reitervolk mit indogermanischer Sprache. Die Alanen waren vorzügliche Pferdezüchter, die auf ihren schnellen Tieren Raubzüge bis nach Armenien hinein unternahmen. Nach der Besetzung ihrer Weidegebiete durch die Hunnen blieb ein Teil der Alanen unter hunnischer Herrschaft am Aralsee, der andere Teil wich nach Westen aus und ließ sich in der (heute ungarischen) Pußta nieder. Dort verbündeten sie sich mit den Wandalen, mit denen Teile von ihnen später nach Spanien und Afrika gelangten.

Aber auch die unter hunnischer Herrschaft verbliebenen Alanen blieben nicht ruhig. Sie erhoben sich im Jahr 270 gegen ihre Herren, der Aufstand endete jedoch wiederum mit der – diesmal vollständigen – Vernichtung ihres Volkes.

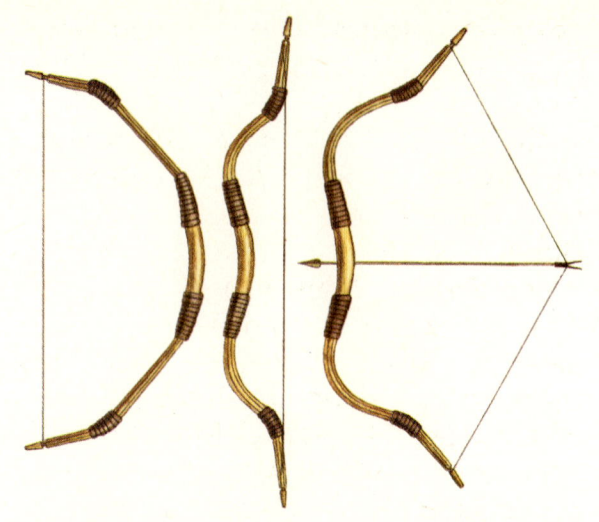

Die hunnischen Bögen bestanden aus verschiedenen sorgfältig ausgesuchten Hölzern, Mittelteil und Enden waren mit Knochen verstärkt. Mit diesen Bogen konnte ein kräftiger Mann einige hundert Meter weit schießen.

Womit begann die Völkerwanderung?

Für die Hunnen war dieser Aufstand offenbar ein Signal, ihre Zelte wiederum abzubrechen und weiter nach Westen zu ziehen. Dabei stießen sie 375 auf die zwischen Donau und Dnjepr wohnenden germanischen Ostgoten und unterwarfen sie. Dieses Jahr, in dem zum erstenmal Hunnen und Germanen zusammenstießen, gilt seither als Beginn der Völkerwanderung.

Über den Kampf der Hunnen gegen die

Germanische Wagenburg zur Abwehr von Angriffen auf dem Marsch; Holzschnitt aus „Römische Geschichte" des römischen Historikers Livius.

Ostgoten schreibt der griechische Papst und Geschichtsschreiber Zosimos (gest. 418): „Die Hunnen überschütteten die Ostgoten mit einer wahren Wolke von Pfeilen und richteten ein ungeheures Blutbad an."
Diese Kampfesweise hatten die asiatischen Eindringlinge schon drei Jahrhunderte zuvor unter König Mao-Tun gelernt. Dieser hatte sich besondere, sogenannte „singende Pfeile" anfertigen lassen. Das waren Pfeile mit Federn am Schaft. Seine berittenen Bogenschützen mußten alle auf denjenigen Feind schießen, nach dem er seinen Pfeil abschoß. Bei dem Exerzierschießen in Friedenszeiten stellte der König nicht nur sein Lieblingspferd, sondern auch seine Frau als Zielscheibe auf. Wer dem Befehl, auf Pferd oder Frau zu schießen, nicht blindlings gehorchte, wurde vom König eigenhändig enthauptet.
Nach dem Sieg über die Ostgoten zogen die Hunnen abermals weiter nach Westen und gelangten schließlich in das Flachland zwischen Ostalpen, Donau und Save, das als Provinz Pannonien zum Römischen Reich gehörte. Damit begann der Angriff der Hunnen auf Rom.

Wann wurde das Römische Reich aufgeteilt?

Es war allerdings nicht mehr das geeinigte und starke römische Reich, das sie nun herausforderten. Schon 286 hatte der römische Kaiser Diokletian das Imperium in einen westlichen und einen östlichen Teil getrennt, um das Reich im Frieden besser verwalten und im Krieg besser verteidigen zu können. Zum weströmischen Teil gehörten ganz Westeuropa, Italien, das heutige Jugoslawien und der Westteil der afrikanischen Mittelmeerküste.

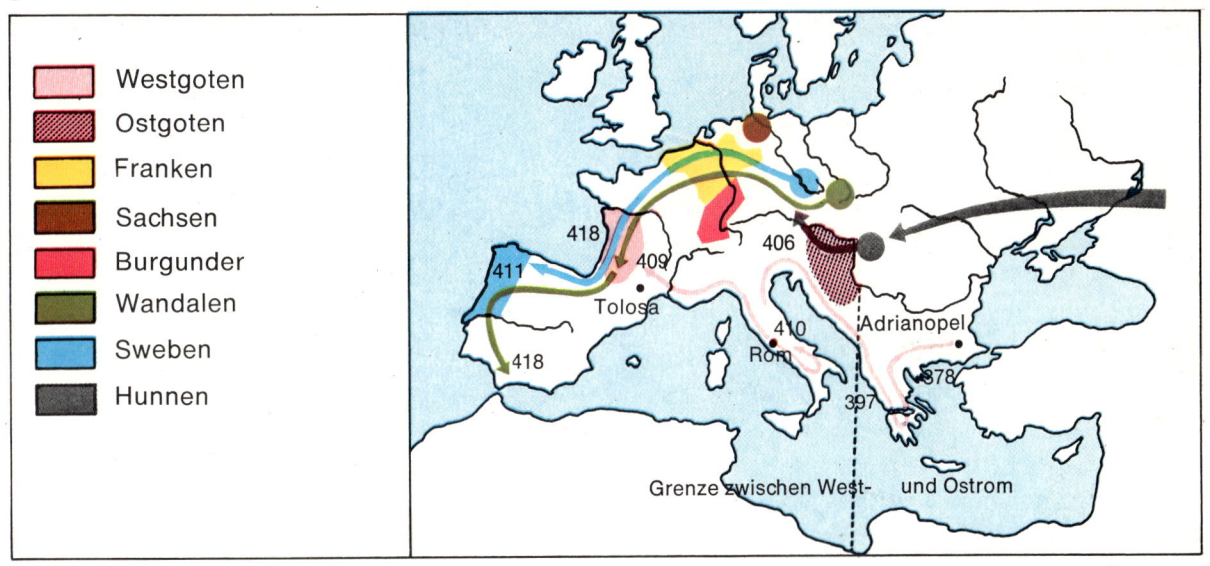

Zu Ostrom gehörten die Balkanhalbinsel, Kleinasien und der östliche Teil des afrikanischen Mittelmeers. Hauptstadt des Westteils war zunächst Rom, der Ostteil des Imperium wurde von Byzanz aus, dem heutigen Istanbul (griech. cis ten polin = in die Stadt), regiert; 330 wurde Byzanz von Kaiser Konstantin dem Großen als „Konstantinopel" zur Hauptstadt des Römischen Reiches erhoben. Als 395 Kaiser Theodosius starb, teilten seine Söhne Honorius und Arkadios das Reich auf: Honorius übernahm das Weströmische, Arkadios das Oströmische Reich. Dabei hielten sie sich genau an die Grenzen, die Dio-

Der Hunneneinbruch in Europa und der Beginn der germanischen Völkerwanderung.

Hunnenkönig Attila in einer mittelalterlichen Darstellung (oben) und einem Holzschnitt aus dem 18. Jahrhundert (rechts)

kletian über 100 Jahre zuvor eingeführt hatte. Aber aus den Verwaltungsgrenzen waren nun politische Grenzen geworden, die Grenzen zwischen zwei verschiedenen Staaten.

Den Hunnen war diese Aufteilung nur recht. 430 griffen sie von Pannonien aus das schwache Oströmische Reich an. Die Hunnen waren zu jener Zeit — wie schon von Anfang an — kein einheitliches Volk. Auf ihren weiten nomadischen Wanderungen entstanden immer neue Gruppen, denen sich Teile oder die Gesamtheit der unterworfenen Völkerstämme mehr oder minder eingliederten.

So hatten sie zu jener Zeit, also um 430, drei Könige: Ruas (oder Rugila) und seine Brüder Mündiuck und Oktar. Vergebens bat die oströmische Kaiserin Eudokia den Ruas, der so etwas wie ein Oberkönig war, um Gnade. Erst ein Unwetter, bei dem Ruas von einem Blitz tödlich getroffen wurde, trieb die heidnischen Hunnen in die Flucht.

Wie wurde Attila Alleinherrscher der Hunnen?

Als auch wenig später Mündiuck und Oktar starben, bestiegen Mündiucks Söhne Attila (gotisch = Väterchen) und Bleda den hunnischen Thron. Sie erzwangen von Ostrom die Auslieferung aller abtrünnigen Hunnen, die zu Ruas Zeiten nach Ostrom übergelaufen waren. Zwei Mitglieder der Königsfamilie namens Mama und Atakam, die sich unter den Ausgelieferten befanden, ließ Attila als Verräter kreuzigen — und schaffte sich damit zwei Mitbewerber um den Thron vom Hals. 445 ließ er auch seinen Bruder Bleda ermorden; nun war er Alleinherrscher der Hunnen. Damit begann für diese eine neue Zeit.

Attila war zwar nicht weniger grausam und skrupellos als alle anderen Herrscher seiner Zeit, aber er war klüger. (Er konnte zum Beispiel lesen und schreiben). Anstatt den Feldzug gegen

Ostrom fortzusetzen, verlegte er sich zunächst auf Verhandlungen. Neben einer Tributzahlung von jährlich 700 Pfund Gold mußte Byzanz seine Märkte nun auch den hunnischen Händlern öffnen, die einzige Möglichkeit für Attila, das erbeutete oder erpreßte Gold in Waren umzutauschen.

Dann versuchte er sein nomadisches Volk seßhaft zu machen und zu einigen. Zunächst löste er die alte Stammesordnung auf und unterstellte alle Stämme einzig seiner Befehlsgewalt. Anstelle der alten Stammesfürsten setzte er „Würdenträger" ein, auf deren unbedingte Treue er stets rechnen konnte, weil er einen großen Teil seiner Beute und Tributzahlungen an sie verteilte. Die Würdenträger wurden als Heerführer, Hofbeamte oder Gesandte an fremden Höfen eingesetzt. Sie waren Führer der Leibwache sowie Statthalter und hatten Ehrenplätze in Attilas Königshalle. Wo der Palast des Attila erbaut worden ist, weiß man nicht genau, er muß irgendwo an der Theiß gestanden haben.

Wie lebte man am Königshof des Attila?

Man weiß aber, wie es an diesem Königshof aussah und wie es dort zuging. Der Grieche Prikos kam 449 als Begleiter eines römischen Gesandten an Attilas Hof und schrieb seine Eindrücke in seiner achtbändigen „Byzantinischen Geschichte" nieder. Danach lag Attilas Palast auf einem Hügel und war von Palisaden umgeben. Alle Bauten waren aus Holz. Auch jede der vielen Frauen des Attila hatte ein eigenes Holzhaus, alle waren mit bunten Teppichen geschmückt. Bei Empfängen oder anderen Staatsgeschäften saß Attila zwischen seinen Verwandten und anderen Würdenträgern auf einer Bank vor einem Alkoven, der von einem Vorhang abgeschlossen war. Zu solchen feierlichen Anlässen wurden Speisen und Getränke aus kostbaren, meist goldenen Gefäßen gereicht, auch die Klei-

Das höfische Leben um Attila war aufwendig und prunkvoll, aber er selbst lebte bescheiden.

An der Spitze seiner Reiter greift Attila die Germanen an, Holzstich aus dem 19. Jahrhundert.

der des Hofstaates waren reich mit silbernen und goldenen Stickereien und Edelsteinen verziert. Attila liebte das große Gepränge, aber nicht für sich selbst: Seine Kleidung und sein Geschirr waren einfach und schmucklos. Trotz dieses aufwendigen Hoflebens galten Attila und seine Hunnen in Ost- und Westrom immer noch als Barbaren. Daran war nicht zuletzt ihre fremde, für Europäer unverständliche Religion schuld. Während im gesamten römischen Reich das Christentum schon 381 von Kaiser Theodosius zur Staatsreligion erhoben worden war, hingen die Hunnen immer noch unverändert stark ihrem heidnischen Glauben an, den wir heute als „schamanisch" bezeichnen. Der Schamane war der Geisterbeschwörer, der eine den europäischen Priestern vergleichbare Stellung innehatte. Er konnte sich durch Rauschmittel oder Tanz in Ekstase versetzen und dann die Verbindung zu Dämonen oder den Seelen der Verstorbenen herstellen. Andererseits vermochte er auch, die Seelen gerade Verstorbener ins Jenseits zu geleiten.

Im Mittelpunkt dieses hunnischen Glaubens stand das Tier — nur allzu verständlich bei einem Jäger- und Hirtenvolk, dessen Wohl und Wehe tatsächlich von Jagdtieren wie Bär, Elch, Hirsch usw., aber auch von Transport- und Reittieren (Pferd) abhing. Die Grenzen zwischen Menschen, Tieren und Göttern waren verwischt. So leitete noch 700 Jahre später Tschingis Khan, der schamanische Begründer des mongolischen Weltreiches, seine Herkunft von einem sagenhaften grauen Wolf ab.

Welchen Glauben hatten die Hunnen?

Auch Attila war Schamanist. Obwohl sich zahlreiche Hunnen, die inzwischen mit dem Christentum bekannt geworden waren, hatten taufen lassen, blieb Attila seinem Glauben treu; Übertritte zum Christentum ließ er mit härtesten Strafen sühnen. Und er plante und unternahm nichts, ohne vorher das Orakel zu befragen, das aus den Eingeweiden von Opfertieren und dem Geäder der vom Fleisch gelösten Knochen die Zukunft weissagte.

Bei seinen Verhandlungen mit den Römern nutzte Attila geschickt die Rivalität zwischen Ost- und Westrom aus. Denn beide Reichshälften hofften, mit Hilfe der Hunnen den jeweils anderen römischen Herrscher schlagen und das Imperium wieder zu einem mächtigen Reich vereinen zu können. Ost- und Westrom sicherten den Hunnen zu, sich mit keinem „Barbaren"-Stamm (gemeint waren germanische Stämme) zu verbünden, der gegen die Hunnen Krieg führte. Weiter verpflichteten sie sich zu hohen Tributzahlungen an Attila, er versprach als Belohnung, weder Ost- noch West-Rom anzugreifen.

Warum zog Attila mit seinem Heer nach Westen?

Diese „Freundschaft", die wohl von allen drei Parteien nur aus Vernunftgründen gepflegt wurde, dauerte knapp sieben Jahre. Dann zog Attila mit seinem Heer abermals gen Westen. Anlaß dazu waren drei Ereignisse:

● 446 hatte Honoria, die Schwester des Weströmischen Kaisers Valentinian III. (425–455), heimlich dem Attila angeboten, seine Frau zu werden. Attila war einverstanden, verlangte aber als Hochzeitsgeschenk das halbe Reich ihres Bruders. Diese Forderung lehnte Valentinian ab, und Attila, der wahrscheinlich selbst Kaiser von Rom werden wollte, war erzürnt.
● Daraufhin betrieb West-Rom eine zunehmend hunnenfeindliche Politik.
● Ostrom widersetzte sich ab 447 den immer höher werdenden Tributforderungen des Hunnenkönigs.

Attila hatte inzwischen auf weiteren Feldzügen den Rhein erreicht und sich mehrere germanische Stämme unterworfen. Sein Reich erstreckte sich nun vom Kaspischen Meer bis nach Gallien. Aber das reichte ihm offenbar nicht — er wollte Herrscher über ganz Europa sein.

451 zog er mit einem gewaltigen Heer, das noch durch germanische Vasallenstämme verstärkt war, nach Westen. Er überrannte Metz, plünderte die Stadt und zog weiter bis nach Orleans, das er ebenfalls besetzte.

In aller Eile schickte Westrom seinen Feldherrn Aetius nach Gallien, seine Legionen wurden von Westgoten, Burgundern und Franken verstärkt. Die Burgunder, ein ursprünglich aus Skandinavien eingewanderter ostgermanischer Stamm, waren unter König Gunther schon 433 von den Hunnen besiegt und 445 von Attila aus der Gegend um Worms vertrieben worden. Sie hatten sich zwischen Genfer See und Lyon angesiedelt und waren nun froh, an den Hunnen Rache nehmen zu können.

Wie kämpften die Hunnen?

Die Hunnen wandten im Kampf gegen Westrom eine für diese völlig neue Kampftaktik an: Sie ergriffen — scheinbar geschlagen — mitten im Gefecht die Flucht, drehten aber nach kurzem Ritt um und begannen an einer anderen völlig unerwarteten Stelle den Angriff von neuem. Dabei kam ihnen eine Erfindung zupaß, deren Bedeutung die Römer und ihre Hilfstruppen noch nicht begriffen hatten: der Steigbügel. Mit seiner Hilfe konnten sie sich im Sattel aufrichten, blitzschnelle Wendungen vollführen und tief in die Reihen des Gegners eindringen. Attilas Hunnen führten als Hauptwaffe den Bogen, der aus mehreren Teilen bestand und durch seine Konstruktion den einfachen europäischen Bogen in Reichweite (einige hundert Meter) und Treffsicherheit (dreiflüglige Pfeilspitzen) weit überlegen war.

Trotz überlegener Taktik konnte Attila das besetzte Orleans nicht halten. Er räumte die Stadt, drehte ab und wurde 451 von Aetius auf den Katalaunischen Feldern, in der Gegend des heutigen Châlons-sur-Marne, zum Entscheidungskampf gestellt.

Was sich in vielen Geschichtsbüchern als eine Schlacht der Römer gegen die Hunnen liest, war jedoch in Wahrheit etwas anderes: Franken vom Niederrhein kämpften gegen mittelrheinische Franken, Gepiden kämpften gegen Burgunder, Ostgoten kämpften gegen Westgoten.

Wie endete die Herrschaft der Hunnen?

Der Kampf dauerte bis in die Nacht hinein — dann war Attila geschlagen. So schlimm jedoch, wie die Historiker noch vor wenigen Jahrzehnten glaubten, kann seine Niederlage nicht gewesen sein. Schon ein Jahr später, also 452, zog das hunnische Heer wieder in den Krieg: Attila fiel in Italien ein und eroberte die Stadt Aquileja. Hungersnöte und Seuchen, Folge von zunehmenden Nachschubschwierigkeiten, zwangen ihn jedoch, ein Friedensangebot Westroms, verbunden mit hohen Tributzahlungen der Römer, anzunehmen. In Eilmärschen kehrte er in seine Hauptstadt an die Theiß zurück, die inzwischen von dem oströmischen Kaiser Marcianus bedroht wurde.

Zu dem geplanten Rachefeldzug gegen Marcianus kam es nicht mehr: In der Hochzeitsnacht mit der letzten seiner zahllosen Ehefrauen, der Germanin Hildico (Hildchen), erstickte er an einem Blutsturz (453). Einer der größten Soldaten und Feldherren der Geschichte starb also nicht auf dem Schlachtfeld, sondern friedlich im Hochzeitsbett. Wie es einem so reichen Herrscher zukommt, wurde Attila mit großem Prunk begraben. Sein Grab und die unermeßlich wertvollen Grabbeigaben wurden bisher nicht gefunden.

Das Hunnenreich überdauerte seinen größten König nur ein knappes Jahrzehnt. Es zerfiel durch die Zwietracht seiner Söhne. Ebenso plötzlich wie die Hunnen in die Geschichte Europas einbrachen, verschwanden sie auch wie-

Mit solchen Waffen wehrten sich die Germanen gegen die Hunnen: (von oben) Axt, Speer (Spitze, Schaft blieb nicht erhalten), Flügelpfeilspitze, Schildbuckel (das hölzerne Schild ist nicht erhalten), Schwert, Pfeil und Bogen.

der — aber nicht spurlos. Man kann die Völkerwanderung im 4. und 5. Jahrhundert mit einer Anzahl von Dominosteinen vergleichen, die jeweils, wenn sie umfallen, auch ihren Nachbarn zum Stürzen bringen. Genauso war es mit den vielen germanischen Stämmen, die, von Osten her bedrängt, nach Westen auswichen und dabei den westlichen Nachbarn ebenfalls veranlaßten, seine Heimat zu verlassen.

Die Hunnen waren in dieser Dominoreihe der erste Stein.

Die Goten auf dem Marsch

Wo war die Urheimat der Goten?

„Im Norden, in den Salzfluten des Ozeans, liegt Skandinavien, eine große Insel. Sie hat die Form eines Zitronenblattes mit eingedrückten Seiten, langgestreckt und in sich geschlossen. In seinen nördlichen Gegenden soll es im Sommer 40 Tage lang ununterbrochen taghell sein; im Winter ist es dafür ebensoviele Tage und Nächte ohne Sonnenschein. Dort hausen viele verschiedene Völkerschaften, unter ihnen die Swear (Schweden) und die Gauten (Goten). Diese sind wilde und kriegslustige Menschen. Sie wohnen in ausgehauenen Felshöhlen wie in Burgen nach Art wilder Tiere."
So beschrieb im 6. Jahrhundert der römische Historiker Jordanes in seinem Buch „Getica" die Urheimat der Goten. Noch heute erinnern Namen wie Göteborg oder Gotland an Schwedens erste Bewohner. Und immer noch steht die zweite Krone im schwedischen Reichswappen für „Regnum Gothorum", für das Königreich der Goten.
Dem Drang aller Germanenstämme nach mehr Ackerland und milderem Klima folgend, verließen sie unter König Berig um die Zeitenwende ihre nordische Heimat und kamen „auf drei Schiffen", wie Jordanes sagt, „in den beiden ersten die Goten, in dem dritten auch Gepiden", einer ihrer Nachbarstämme, über die Ostsee und siedelten in der Gegend zwischen Oder und Weichsel. Dort blieben sie etwa 200 Jahre.
„Als ihre Volkszahl immer mehr wuchs", so fährt Jordanes fort, „und ungefähr

Vogelfibel aus dem 5. Jahrhundert, gefunden bei Saragossa (Spanien). Adler, Falken und andere große Greifvögel waren bevorzugte Motive der germanischen Schmuckhersteller.

der fünfte König nach Berig, Filimer, der Sohn des Cadarig, herrschte, beschlossen die Goten, mit allen Kriegern und den gesamten Familien auszuwandern. Auf der Suche nach geeigneten Wohnsitzen kamen sie in das Land der Skythen." (Die Skythen waren ein iranisches Volk, das um 600 v. Chr. nach Europa vordrang und sich in den Karpaten und in Siebenbürgen niederließ. Im römischen Kaiserreich wurde daraufhin ganz Westasien bis an die Wolga heran als „Scythia" bezeichnet.) Die Goten besiegten die nomadischen Sarmaten und andere dort ansässige Stämme und besiedelten weite Teile der heutigen europäischen Sowjetunion bis hinunter an das Schwarze Meer. Von dort aus drangen sie weiter in Richtung auf die Donau vor, auf zahlreichen Plünderungszügen kamen sie 248 und 249 sogar über die Dobrudscha im heutigen Rumänien bis nach Griechenland und Kleinasien.

Goldene Fibel, gleichsam eine künstlerisch gestaltete Sicherheitsnadel, mit eingelegten Halbedelsteinen, aus dem 5. Jahrhundert n. Chr.

Solche Urnen wurden in Niedersachsen und England gefunden — ein Beweis für das Eindringen der Angelsachsen auf der britischen Insel im 5. Jahrhundert.

Brakteaten (lat. bractea = dünnes Blech) sind einseitig geprägte Silbermünzen, die von den Goten auch als Schmuck getragen wurden.

Warum teilte sich der Stamm in Ost- und Westgoten?

In dieser Zeit hatten die Goten sich stark vermehrt und ihr Siedlungsgebiet so weit ausgedehnt, daß die vielen gotischen Gaue bald nicht mehr in einem einheitlichen Staatsgebilde zusammengehalten werden konnte. 269 teilten sie sich daher in zwei Gruppen; die Visigoten oder Tervingen und die Austrogoten oder Grutungen. Aus den beiden ersteren Namen entwickelte sich im Lauf der folgenden Jahrhunderte die Bezeichnung „Westgoten" und „Ostgoten". Mit Himmelsrichtungen oder Wohngebieten haben diese Namen also nichts zu tun. Das Reich der Ostgoten erstreckte sich zwischen Don und Dnjestr, das Reich der Westgoten daran anschließend zwischen Dnjestr und Donau.

Die beiden gotischen Reiche bestanden nur ein Jahrhundert. 375 fielen die Hunnen in gotisches Gebiet ein. Die sarmatische Urbevölkerung wurde im Kampf getötet, die im Kriegshandwerk besser geübten Goten aber konnten fliehen. In gewaltigen Strömen zogen nun beide Völker westwärts — einem dramatischen Schicksal und, nachdem sie je ein großes Reich gebildet hatten, ihrem Ende entgegen.

Ging hier nun wirklich — wie es uns Jordanes und andere zeitgenössische Historiker glauben machen wollen — ein rohes und primitives Volk zugrunde? Waren die Goten wirklich wie „wilde Tiere"?

„Der Gotenzug", Ölgemälde von Arnold Böcklin.

In zahlreichen gotischen Gräbern fand man bronzene Gürtelschließen, Halsketten aus Bernstein mit Filigranperlen, bronzene Armreifen und „Buckelhauben" (eine Art Kopfputz), die ihren Herstellern ein hohes Maß kunsthandwerklichen Könnens bezeugen. Auch die angebliche wilde Kriegslust der Goten läßt sich archäologisch widerlegen: In kaum einem Männergrab fand man Waffen, nur die Sporen wurden dem Toten ins Grab gelegt.

Was schließt man aus Funden in gotischen Gräbern?

Das hing mit der Religion der Goten zusammen: Sie beteten zu der durchaus friedlichen Muttergöttin Nerthus, einer Göttin des Wachstums und der Fruchtbarkeit. Wenn ihr Kultbild durch die Lande gezogen wurde, herrschte überall Waffenruhe. Nerthus' heiligen Hain vermutete man bisher auf der Insel Rügen, nach neueren Forschungen lag er jedoch wahrscheinlich an der norwegischen Westküste. Zu hohen Festtagen wurde das normalerweise dort aufbewahrte Kultbild gewaschen; nach dem Fest wurden die Teilnehmer der Waschung im Meer ertränkt.

Auch Jordanes' Angaben, die Goten hausten wie Tiere in Höhlen, verwies die neuere Forschung ins Reich der Irrtümer. In Schweden fand man gotische Häuser, die meist 3 x 4 x 6 m groß waren. Das Gerüst bestand aus Pfosten, die die lehmverstrichenen Flechtwände stützten. Darüber lag ein Satteldach. Jedes Haus hatte einen Herd, viele Gebäude waren innen ebenso gepflastert wie auch zahlreiche Wege, die mehrere Häuser zu einem Dorf oder Weiler zusammenfaßten.

Goldmünze mit dem Halbrelief Theoderichs des Großen, geprägt im Jahr 500 in Rom. Die in falschem Latein abgefaßte Inschrift („Rex Theodericus pius princis", statt princeps) lautet „König Theoderich, der fromme Herrscher". Der mit Schuppenpanzer und Feldherrnmantel bekleidete König trägt in der linken Hand eine Weltkugel mit Siegesgöttin, Siegerkranz und Palmzweig.

Das Reich des Theoderich

Wer war der erste bekannte König der Ostgoten?

Als die Hunnen, aus den Tiefen der asiatischen Steppen kommend, wie ein Ungewitter über Europa hereinbrachen, stießen sie zunächst, im Jahre 375, auf das Ostgotenreich des Königs Ermanerich. Dieser war damals angeblich 110 oder gar 115 Jahre alt und soll sich, einer alten Überlieferung zufolge, wegen der Aussichtslosigkeit des Kampfes das Leben genommen haben.

Obwohl also nicht einmal Todesjahr und Todesursache des Ermanerich feststehen, ist er doch der erste Ostgotenkönig, von dem die Historiker Genaueres wissen. Der römische Geschichtsschreiber Ammianus Marcellinus nennt ihn den „kriegerischsten und durch viele und mannigfaltige tapfere Taten gefürchteten König der Ostgoten", beschreibt ihn aber auch als einen „äußerst grausamen" Herrscher: Seine Neffen, die ihm den Thron neideten, ließ er hängen, und Sunilda, die Frau eines aufrührerischen, unterworfenen Fürsten, ließ er vierteilen.

Wegen seiner Eroberungszüge und der brutalen Ausbreitung seines Herrschaftsgebietes wird Ermanerich von manchen Historikern mit Alexander dem Großen verglichen: In immer neuen Feldzügen gegen seine Nachbarn unterwarf er zahlreiche asiatische

Stämme und schließlich auch die ursprünglich aus Schweden gekommenen germanischen Heruler. So raubte und plünderte er sich ein Riesenreich zusammen, das — als die Hunnen erschienen — vom Kaspischen Meer bis zur Ostsee reichte.

Bei den Germanen galt Ermanerich als ein König mit großem „Heil". „Heil" bedeutete eine Art Mischung aus Glück und Tüchtigkeit; das Heil brauchte man, um im Krieg zu siegen und bei der Jagd erfolgreich zu sein, Heil brauchte auch der Priester, um einen Kranken zu heilen oder das Wetter vorherzusagen. Heil brauchte vor allem jeder König, um sich und sein Volk zu Ruhm und Reichtum zu führen. Und es war nur natürlich, daß Ermanerich, dessen Familie, das alte Fürstengeschlecht der Amaler, ihre Herkunft von den Göttern ableitete, ein besonders großes Heil hatte. Jeder Krieger, der sich einem König anschloß und mit ihm in den Kampf zog, hatte an dessen Heil Anteil — allerdings mußte der König dieses Heil auch durch Taten, also durch Siege und reiche Beute beweisen. Und aus dem gleichen Grund schließlich mußte der König seine Männer an seinem Heil, also seiner Beute großzügig beteiligen.

Das Königtum war bei den Germanen nicht erblich, sondern war ein Wahlkönigtum; gewählt wurde, wer das größte Heil zu haben schien. War der König gewählt, wurde er auf den Schild gehoben (was der späteren feierlichen Krönung entsprach). Mit dem Schild war die vor allem kriegerische Aufgabe des

> **Was nannten die Germanen „Heil"?**

Der oströmische Kaiser Justinian I. auf einem Mosaik der Basilica San Vitale in Ravenna

Justinians Gemahlin Kaiserin Theodora auf einem Mosaik in derselben Basilica in Ravenna

gewählten Königs symbolisiert: Es galt als schimpflich, sein Schild in der Schlacht zu verlieren, und der Gefallene wurde auf seinem Schild heimgebracht. Zeichen der königlichen Macht war der Königshort, eine Ansammlung von (oft zusammengeraubten) Ringen und Spangen, Geld und Gold, Armreifen und Kleider. Aus dem Hort entnommene Armreifen wurden an verdiente Männer verliehen wie später Orden.

Wie mächtig waren die germanischen Könige?

Die Macht der germanischen Könige war jedoch begrenzt. Sie regierten, wie der römische Historiker Tacitus schrieb, „streng, aber nicht über die Grenzen der Freiheit hinaus". Zur Monarchie (aus dem griech. = Alleinherrschaft) kam es bei den Germanen erst, als sie in Ost- und Westrom diese Form des Königtums kennenlernten und übernahmen.

Nach Ermanerichs Tod und der Niederlage gegen die Hunnen teilte sich der Stamm der Ostgoten: Ein Teil blieb in den Siedlungsgebieten zwischen Dnjepr und Dnjestr unter hunnischer Herrschaft. Das bezeugt schon der Name des neuen Königs. Er hieß Hunumund, das heißt, der „unter der Herrschaft der Hunnen steht".

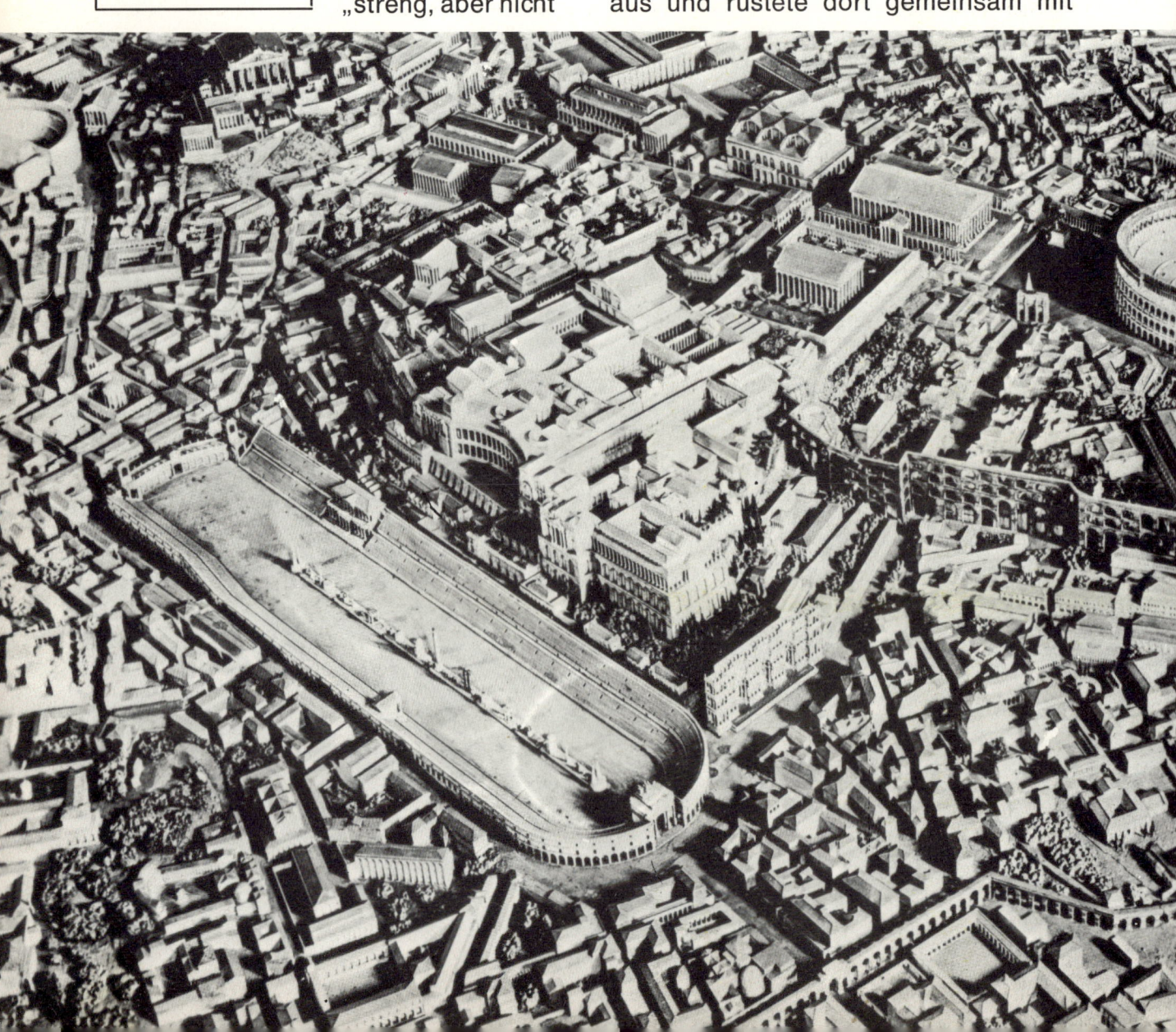

Der andere, größere Teil unter Ermanerichs Nachfolger Withimer wich über den Dnjestr auf westgotisches Gebiet aus und rüstete dort gemeinsam mit diesen zur großen Abwehrschlacht gegen die Hunnen. Dazu kam es aber nicht. Die Hunnen umgingen die gotischen Heere und stießen an ihnen vorbei nach Westen vor. Den Goten blieb nun nichts anderes übrig, als der an ihrer Flanke drohenden Gefahr nach Süden über die Donau auszuweichen.

Plündernd und brandschatzend, wie es damals alle Armeen der Welt taten, ziehen sie nun durch die römischen Provinzen und verwüsten das Land. 378 stellt sich ihnen bei Adrianopel, dem heutigen Edirne, der oströmische Kaiser Valens mit seiner Armee, aus einem Krieg gegen die Perser herbeieilend, in den Weg: Fast zwei Drittel der römischen Soldaten fallen, auch der Kaiser findet den Tod.

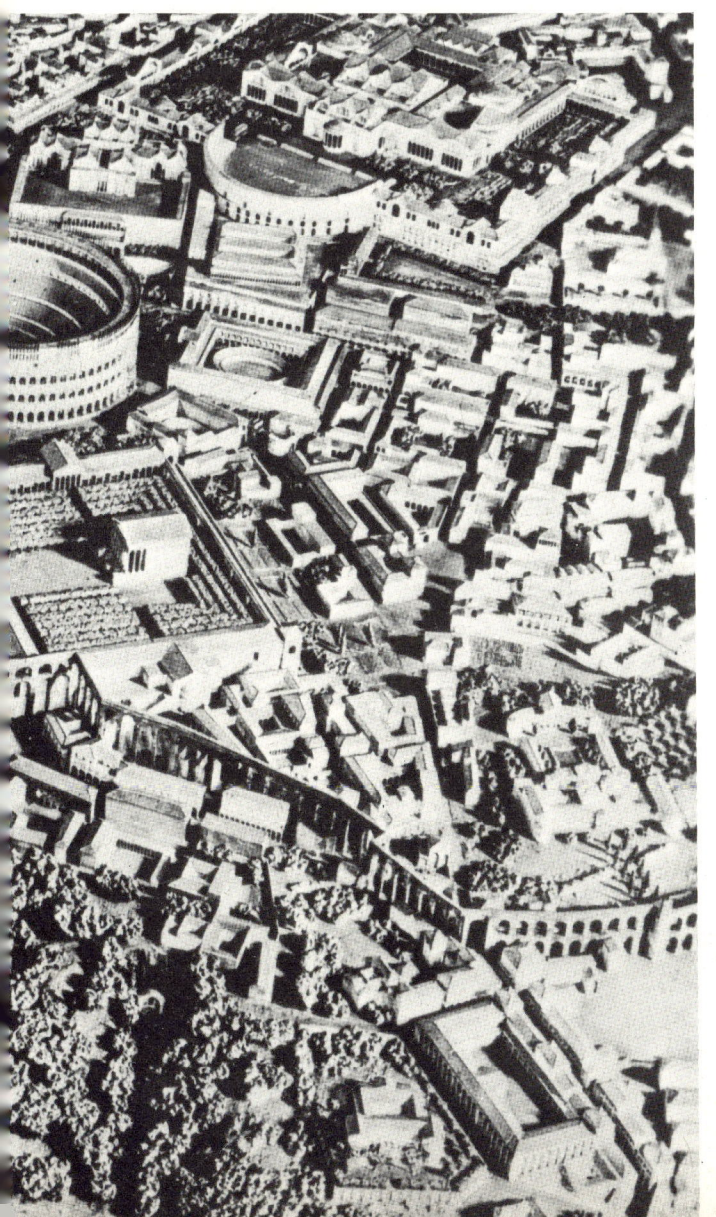

Wo ließen sich die Ostgoten nieder?

Während die Westgoten sich von Valens' Nachfolger Theodosius (378 bis 394) als Föderaten südlich der Donau ansiedeln lassen, marschieren die Ostgoten weiter. Fast ein Jahrhundert lang ziehen sie durch Europa, inzwischen sind ihre Stammesbrüder, die von den Hunnen unterworfen worden und mit ihnen nach Mitteleuropa vorgedrungen waren, nach dem Tod Attilas befreit und stoßen wieder zu ihrem Stamm. Einige lassen sich als oströmische Föderaten auf dem Balkan, andere als Föderaten Westroms in Pannonien nieder. Sie leben nicht schlecht: Als Föderaten leben sie steuerfrei und

Modell der Stadt Rom zu Beginn der Völkerwanderung: links im Vordergrund der Circus Maximus für 200 000 Zuschauer mit einer 800 m langen Pferderennbahn. Direkt darüber die kaiserlichen Paläste auf dem Palatin, einem der sieben Hügel Roms. Ganz links oben ein Theater, daneben auf dem Kapitolhügel der Tempel des Jupiter Capitolinus. Rechts davon das Forum Romanum, am oberen Bildrand die Kaiserforen, die von den verschiedenen römischen Kaisern angelegten Märkte. Rechts in Bildmitte der Rundbau des Colosseums. Dieses Amphitheater hatte für die Benutzer der 48 000 Sitz- und 5000 Stehplätze 66 Eingänge. Hier wurden vor allem Gladiatorenkämpfe veranstaltet. Links neben dem Colosseum am unteren Ende des freien Platzes der Constantinsbogen, um das Colosseum herum mehrere Tempelanlagen. Schräg durch den rechten Bildteil zieht sich ein Aquädukt, der die kaiserlichen Paläste mit Wasser versorgte. Rechts hinter dem Colosseum die Trajansthermen, eines der großen römischen Bäder.

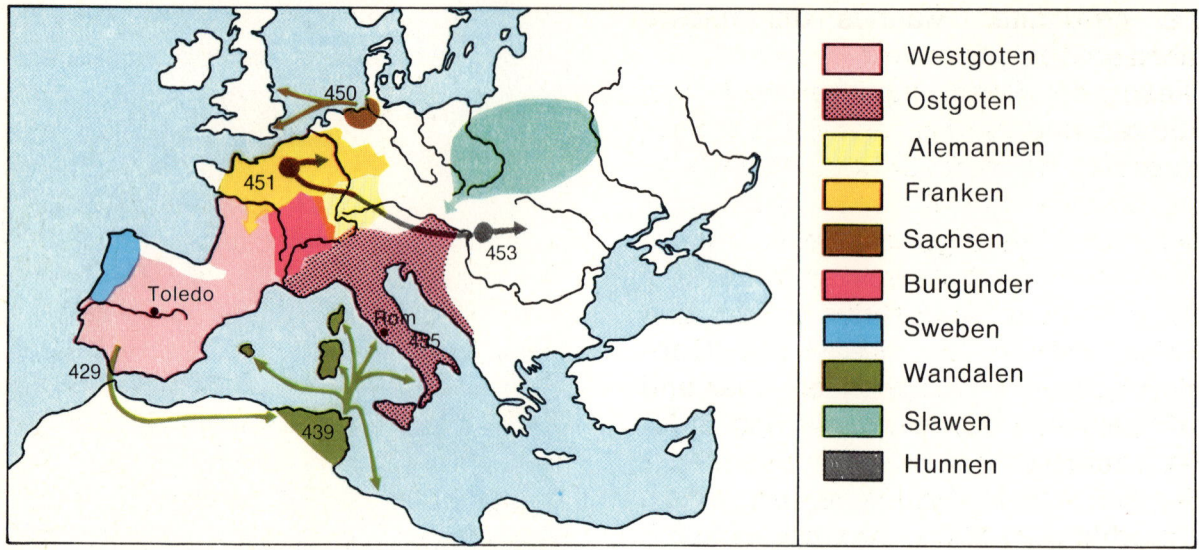

Völkerwanderung und germanische Reichsgründungen im 5. Jahrhundert

werden durch Jahrgelder, Vieh- und Getreidelieferungen sorgenfrei gehalten, damit sie ihre ganze Kraft dem Krieg und dem Schutz des Kaisers widmen können.

Als Theodosius 395 in Mailand stirbt, zerfällt das römische Imperium endgültig in das Oströmische (Hauptstadt Byzanz) und das Weströmische Reich (Hauptstadt Rom). Die Ostgoten, damals im heutigen Jugoslawien angesiedelt, fallen unter den Machtbereich Ostroms. Der ostgotische König Theodemir schickt seinen Sohn als Geisel und Bürge für den Föderatenvertrag an den kaiserlichen Hof nach Byzanz. Zehn entscheidende Jahre seines Lebens verbringt der hochbegabte Königssohn Theoderich in dem hektischen Leben der damals ersten Stadt der Welt.

Es muß heute fast wie ein Wunder erscheinen, daß Theoderich in diesen zehn Jahren – er kam als achtjähriger Knabe nach Byzanz – nicht selbst zum Römer geworden ist. Bei aller Bewunderung für römische Kultur und Lebensart blieb er aber Germane, und alles, was er in Byzanz lernte, vor allem die vielen Ränke und Methoden der damaligen Politik, benutzte er später im Interesse seines Volkes.

Warum bekam Theoderich den Beinamen „der Große"?

Als 471 sein Vater stirbt, übernimmt er die Herrschaft über die Ostgoten. Seither gilt er als die bedeutendste Gestalt der Völkerwanderungszeit. Der oströmische Geschichtsschreiber Prokop, sonst den Goten nicht gerade zugeneigt, rühmt Theoderich: „Seine gewaltige Hand sorgte für Gerechtigkeit, ein starker Schirm für Recht und Gesetz. Seine Weisheit und Tapferkeit war weitum gefürchtet und geehrt. Die Goten und die Italiker liebten und verehrten ihn ohne Unterschied." Dabei stand am Beginn der Herrschaft dieses

Theoderichs Palast in Ravenna auf einem Mosaik in der von ihm erbauten Kirche San Apollinare.

viel gerühmten Mannes der nackte Mord an König Odoaker.

Dieser, der Sohn eines germanischen Fürsten und am Hof des Attila aufgewachsen, trat 470 als Söldnerführer in oströmische Dienste. Als nach einer blutigen Hofintrige der pannonische Heerführer Orestes seinen mündigen Sohn Romulus Augustulus in Rom zum Kaiser krönen läßt, erhebt sich Odoaker gegen den jungen Herrscher und läßt sich von den germanischen Söldnern zum König ausrufen. Kaiser Zeno, der seit 474 in Byzanz regiert, macht zunächst gute Miene zum bösen Spiel: Er behält sich zwar die Herrschaft über beide Teile des Imperiums vor, betraut aber Odoaker offiziell mit der Regentschaft in Rom. Das ist das Ende des weströmischen Kaiserreichs.

Insgeheim beauftragt Zeno den Theoderich, den er inzwischen zu seinem Adoptivsohn und zum Konsul Ostroms ernannt hat, Odoaker anzugreifen und zu stürzen. Seine Hintergedanken: Je mehr die beiden Germanen aufeinander losschlagen, um so besser für Byzanz; in der Ferne winkte die Möglichkeit, das Imperium zu erneuern.

Aber Zenos Plan schlägt fehl: Theoderich besiegt den Odoaker in mehreren Schlachten, er vertreibt ihn aus Verona, belagert ihn zweieinhalb Jahre lang in Ravenna und schließt endlich mit dem Gegner einen Friedensvertrag; bei einem gemeinsamen Gastmahl aber ersticht er ihn mit seinem Dolch.

| Wie starb König Odoaker? |

Nun gebietet Theoderich über ganz Italien. Er siedelt sein Volk vorwiegend im Norden und Osten des Landes an; wo keine Gotenfamilie siedelt, muß der römische Grundbesitzer dem König ein Drittel seiner Einnahmen zahlen.

Die Kirche San Apollinare mit Glockenturm, einer Frühform des heutigen freistehenden Campanile; darunter Mosaik „Die heiligen Drei Könige", darunter die Basilica San Vitale. Ganz unten ein Mosaik „Christus mit den Erzengeln" aus der Basilica San Vitale.

29

"Ehe der Hahn zweimal kräht, wirst du mich dreimal verraten haben", sagte Jesus zu seinem Jünger Petrus. Diese Szene aus dem Neuen Testament zeigt ein Mosaik in der Basilika San Apollinare in Ravenna.

Unter dem fremden Herrscher erlebt das tief zerrüttete Italien eine 30jährige Friedenszeit mit mustergültiger Verwaltung. Der Ackerbau wird wieder planmäßig betrieben, zum ersten Mal seit Jahrhunderten gibt es wieder einen Überschuß an Getreide. Die Verkehrswege werden ausgebessert, eifrig wird an der Trockenlegung der Pontinischen und Umbrischen Sümpfe gearbeitet. Eine tadellose Finanzverwaltung bringt sogar Mittel für die Erhaltung der antiken Baudenkmäler auf. Zugleich läßt der baufreudige König bedeutende neue Bauwerke errichten, unter anderem seinen Palast in Ravenna, die Hofkirche San Apollinare, die Kirche San Vitale und sein einsames Grabmal mit dem wuchtigen Deckstein, der an germanische Hünengräber erinnert.

Das Verhältnis zwischen Italern und Goten bleibt jedoch gespannt. Da ist einmal der Glaubensgegensatz: Die Römer sind katholische, die Ostgoten dagegen arianische Christen (vgl. Seite 34). Auch die Lebensweise der neuen Herren wird von den Römern als fremd und barbarisch empfunden. Ausbildung an den Waffen, Gehorsam gegenüber dem König, strenge Beachtung der Gesetze, die Theoderich für seine Goten hat aufschreiben lassen — dies alles gilt Germanen mehr als Bildung. Und der König wünscht auch nicht, daß sich Goten mit Angehörigen der italischen Bevölkerung verheiraten. So bleiben die Goten „Besatzer" und die Römer „Besetzte".

Für seine römischen Untertanen ist Theoderich Beauftragter des oströmischen Kaisers. Für sie gilt römisches Recht. Viele vornehme Römer arbeiten an seinem Hof als Minister und Berater. Auch in religiösen Dingen ist Theoderich erstaunlich tolerant. Er, der Arianer, läßt der katholischen Kirche ihr Recht und wahrt den Frieden zwischen Arianern und Katholiken, Christen und Juden.

> **Welcher neue Gedanke steckte hinter Theoderichs Außenpolitik?**

Nach außen hin betreibt er eine Politik des Friedens und — ein neuer Gedanke — des Zusammenhalts aller germanischen Völker. Dem Vandalenkönig Thrasamund gibt er seine Schwester Amalafrida zur Frau, dem Burgunderkönig Sigismund und dem Westgotenkönig Alarich II. vermählt er seine Töchter, dem Thüringerfürsten Hermanfred

Das Grabmal des Ostgotenkönigs Theoderich des Großen in Ravenna. Das unten runde, oben zehneckige Bauwerk ruht auf einem Ziegelfundament. Das Obergeschoß mit dem Sarg des Königs wird von einem riesigen Monolithen (= aus einem Stein gehauen) bedeckt.

seine Nichte. Er selbst heiratet die Schwester des wichtigsten germanischen Königs, des Franken Chlodwig. So, hofft er, stiftet er Frieden und Einigkeit.

Aber die Franken machen nicht mit. Immer wieder muß Theoderich eingreifen, um kleinere germanische Stämme vor diesem kriegerischen Volk zu retten. 496 nimmt er einen Teil der von dem Frankenkönig Chlodwig angegriffenen Alemannen in seinem Reich bei sich auf und siedelt sie in der Ostschweiz an. 502 schützt er die Burgunder vor den Franken. 507 schickt er seine Truppen in die Schlacht, als Chlodwig die Westgoten angreift, und 523 muß er abermals gegen Chlodwig antreten, als dessen Söhne — er selbst ist 511 gestorben — die Burgunder vernichten wollen.

Als der Wandalenkönig Thrasamund stirbt, wirft sein Nachfolger Hilderich Königin Amalafrida in den Kerker und sendet sie grausam verstümmelt ihrem Bruder Theoderich zurück. Um die Wandalen in ihrem nordafrikanischen Reich zu bestrafen, läßt Theoderich eine große Flotte bauen. Aber bevor sie noch auslaufen kann, stirbt er — am 30. August 526. Er war ohne Zweifel die bedeutendste und überragende Figur der Völkerwanderungszeit.

Für seinen unmündigen Sohn Athalarich übernimmt Theoderichs Tochter Amalasuntha, auch Amalaswintha genannt, die Regentschaft. Sie ist eine hochgebildete Frau, sie spricht neben Gotisch fließend Latein und Griechisch — und sie blickt fasziniert nach Byzanz. Gegen den Willen des gotischen Adels läßt sie Athalarich in römischem Geist erziehen; wer sich dem widersetzt, den läßt sie ermorden.

Athalarich stirbt 18jährig. Als Amalasuntha fühlt, daß sie der Herrschaft allein nicht gewachsen ist, wählt sie ihren Vetter Theodahad zum

Warum ernannte Amalasuntha einen Mitregenten?

Mitregenten. Der dankt es ihr schlecht: Er läßt sie auf einer Insel im Bolsenasee (Norditalien) gefangensetzen und dann ermorden — für Kaiser Justinian in Byzanz ein willkommener Anlaß, den Goten den Krieg zu erklären.

Während die Franken die Thüringer und die Burgunder, zwei ehemalige Schützlinge des Theoderich, überfallen und nun drohen, von Norden und We-

Belisar, Feldherr Justinians I., vernichtete das Wandalenreich in Afrika, kämpfte gegen die Ostgoten und schlug die Hunnen.

sten her in das Reich der Ostgoten einzufallen, schickt Kaiser Justinian seinen besten Feldherren, Belisar, mit einem kleinen, aber auserlesenen Söldnerheer nach Sizilien. Von dort aus erobert er erst Neapel, dann Rom. Die Goten, zornig über Theodahads Mißerfolge, setzen ihn ab und heben Witigis auf den Schild, aber es ist zu spät: In Ravenna wird das Königspaar von Belisar gefangengenommen und zusammen mit anderen vornehmen Goten in die Verbannung geschickt. Das Reich der Goten scheint nun untergegangen. Noch einmal flammt Widerstand auf. Ein Unterfeldherr des Witigis, Uraias, steht noch mit einem Heer in Norditalien. Seine Soldaten heben Badvila, genannt Totila, auf den Schild, und das Kriegsglück scheint noch einmal mit den Goten zu sein. Mit 50000 Mann bricht Totila zum Angriff auf. In Jahresfrist erobert er fast ganz Italien zurück, gewinnt zahlreiche Schlachten, erobert Rom und Neapel – schließlich sind nur noch Ravenna und die sizilianische Stadt Messina in römischer Hand.

Hier wendet sich das Kriegsglück. Statt Belisar, der von seinem enttäuschten Kaiser abberufen worden ist, erscheint nun der römische Feldherr Narses auf dem Schlachtfeld, mit einer Armee, die fast ausschließlich aus Langobarden, Herulern und Rugiern, also germanischen Söldnern besteht.

Bei Tadinae (Mittelitalien) kommt es 522 zum Kampf. Die Hälfte des Gotenheeres deckt das Schlachtfeld, auch Totila ist gefallen. Statt seiner rufen die Goten seinen Neffen, Teja, zum neuen König aus. Er weicht nach Süden aus und stellt sich den Römern am Fuße des Vesuvs, zur letzten entscheidenden Schlacht. Rundherum eingeschlos-

Bei der Belagerung Roms durch den Ostgotenkönig Witigis verteidigten die Römer ihre Stadt, indem sie von den Wällen Statuen auf die Angreifer hinabwarfen.

Die goldene Langobardenkrone wird auch „Eiserne Krone" genannt, weil sie im Innern einen schmalen eisernen Reif, angeblich aus einem Nagel vom Kreuz Christi enthält. Sie liegt heute im Dom zu Monza (Italien). Mit ihr wurde Karl der Große gekrönt.

sen, wehren sich die Goten zwei Tage lang erbittert. Selbst als Teja fällt, kämpfen sie noch einen Tag weiter; die letzten 1000 Goten ergeben sich gegen freien Abzug nach Norden. Damit sind die Ostgoten — man schreibt das Jahr 553 — endgültig aus der Geschichte verschwunden.

Aber Ostroms Herrschaft über Italien dauert nicht lange.

Wie regierten die Langobarden in Italien?

568 brechen die Langobarden in Italien ein. Ursprünglich in Skandinavien beheimatet, sind sie an die Unterelbe gezogen, der Name des Städtchens Bardowick erinnert noch an sie. Dann lassen sie sich in Pannonien nieder, dem Gebiet zwischen Ostalpen und Save, vernichten das Reich der Gepiden und dringen in Italien ein — aber welch ein Unterschied zu den Ostgoten! Die italienischen Grundbesitzer werden erschlagen oder müssen auf ihren eigenen Gütern als Knecht arbeiten. Nicht Zusammenarbeit, sondern Unterdrückung ist die Devise der Eroberer. Unter König Alboin besetzen sie Pavia, das die Hauptstadt des Langobardenreichs wird, sie erobern die Toscana, Umbrien, Spoleto und Benevent. Nur die Hafenstädte bleiben unbesetzt, weil die Langobarden keine Seefahrer sind; unbesetzt bleibt auch Rom, das der Papst vor der Erstürmung durch die katholisch gewordenen Langobarden schützt. Mehrfach sind so langobardische Heere vor der Ewigen Stadt umgekehrt.

Nun ist Italien in drei Teile aufgespalten. Im Norden das Langobardenreich, im Süden Byzanz und in der Mitte der Papst, dessen Herrschaftsbereich Keimzelle des späteren Kirchenstaates ist.

Erst der vorletzte Langobardenkönig, Aistulf (749—757), versuchte, auch Rom zu erobern. Sofort kamen dem damaligen Papst Stephan II. die Franken unter König Pippin zur Hilfe. Sie schlagen Aistulf vernichtend und gliedern sein Land dem Frankenreich an. Damit hat auch das Langobardenreich aufgehört zu bestehen.

33

Der Weg der Westgoten

Als die Westgoten vier Jahre nach der siegreichen Schlacht bei Adrianopel (vgl. Seite 27) zwischen Donau und Save als oströmische Föderaten angesiedelt wurden, waren sie bereits Christen – ein Verdienst des Missionars Wulfila und seiner Bibel.

Wie unterschieden sich Arianer von Katholiken?

Wulfila oder Ulfilas (got. = Wölfchen) wurde etwa 311 als Sohn eines Goten und einer oströmischen Kriegsgefangenen geboren. Wulfila war Arianer, das heißt, er bekannte sich zur Lehre des alexandrinischen Kirchenältesten Arius (260–336). Dieser verneinte die Wesensgleichheit Christi mit Gott: Christus, so lehrte er, sei ein Mensch, dem Gott wegen seiner hohen Sittlichkeit die Würde eines „Gottessohns" verliehen habe. Er sei Gott also nur wesensähnlich. Die katholischen Christen dagegen glauben, Christus, ein echter Sohn Gottes, sei seinem Vater wesensgleich, also selbst Gott.

Die klare Gefolgschaft, die Christus von seinen Gläubigen verlangt, kam der Rechts- und Staatsauffassung der Germanen, vor allem der germanischen Fürsten, sehr entgegen, und viele von ihnen traten zum Christentum über; die Gefolgschaftstreue ließ die Gefolgschaft ebenfalls zu Christen werden, ohne daß sich jedoch Sitten und Gebräuche wesentlich änderten. Noch in einer 600 Jahre später erlassenen Rechtsregel heißt es: „Wer bei Quellen oder Bäumen oder Hainen ein Gelübde getan oder ein Opfer dargebracht oder zu Ehren der Geister ein Mahl gehalten, soll 60 Goldgulden zahlen, wenn er Adliger, 30, wenn er Freier, und 15, wenn er Höriger ist."

Bischof Wulfila bekehrt die Goten zum arianischen Christentum; Kupferstich aus dem 19. Jahrhundert.

Wer schrieb den „Codex Argenteus"?

Wulfila, 341 vom Patriarchen von Konstantinopel zum Missionsbischof geweiht, hat 40 Jahre lang unter West- und Ostgoten die Lehre des Arius verbreitet. Für diese Arbeit schuf er aus Runen und griechisch-lateinischen Buchstaben ein gotisches Alphabet. Er formte die für den Kerbschnitt in Holz bestimmten Runen zu Buchstaben um, die man auf Papyros oder Pergament schreiben konnte; weiter übernahm er einige griechische Buchstaben ins gotische Alphabet, für das er überdies die griechische Reihenfolge einführte. Sodann übersetzte er mit hervorragendem Einfühlungsvermögen die Bibel aus dem Griechischen ins Gotische. Die berühmteste Handschrift dieser Übersetzung, der „Codex Argenteus" (lat. = silbernes Buch), ist mit silbernen und goldenen Buchstaben auf purpurgefärbtem Pergament geschrieben. Dieser Codex Argenteus wurde im Dreißigjährigen Krieg aus der kaiserlichen Bibliothek in Prag nach Schweden gebracht und ist heute der wertvollste Schatz der Universitätsbibliothek von Upsala. Darüber hinaus ist der Codex das wichtigste gotische Sprachdenkmal überhaupt.

Mit der Übernahme des Christentums hatten die Westgoten zwar nicht aufgehört, Germanen zu sein, aber statt der alten Götter verehrten sie nun einen Gott, der vorwiegend als „römisch" empfunden wurde. Um so größer war ihr Erstaunen und wohl auch ihre Erbitterung, als ihr Glaube, der Arianismus, 381 auf dem Konzil von Konstantinopel zur Ketzerei erklärt wurde.

Seite des Codex Argenteus des Bischofs Wulfila, silberne Buchstaben auf purpurfarbigem Grund.

Warum brachen die Westgoten den Vertrag mit Rom?

Zu jener Zeit ist der „starke Mann" in Westrom der romanisierte Wandale Stilicho (365 bis 408), Sohn eines Wandalen und einer Römerin. Nach einer hervorragenden Karriere als Feldherr wurde er von Kaiser Theodosius als Reichsverweser Westroms eingesetzt. Als der Kaiser im Jahr 395 stirbt, fühlen sich die Westgoten an den mit ihm geschlossenen Föderaten-Ver-

Das gotische Vaterunser des Bischofs Wulfila

Atta unsar, thu in himinam
Weihnai namo thein;
Qimai thiudinassus theins,
Wairtai wilja theins,
Swe in himina,
Jah ana airthai.

(Vater unser, du in den
         Himmeln,
geweiht sei dein Name;
es komme deine Herrschaft,
es werde dein Wille
wie im Himmel
so auch auf der Erde.)

trag nicht mehr gebunden und erheben sich unter König Alarich aus dem westgotischen Adelsgeschlecht der Balthen („die Tapferen") gegen die römische Herrschaft. Unzufrieden mit dem trägen Grenzerleben, begierig nach Ehren, Kämpfen, Beute und auch nach Freiheit von der römischen Bevormundung ziehen sie plündernd und brennend durch den Balkan und erobern den Peloponnes. Stilicho, aus Westrom zu Hilfe geeilt, schließt die Westgoten im pelopon-

Der Westgotenkönig Alarich I. eroberte nach erfolgreichen Feldzügen in Thrakien, Makedonien und Griechenland im Jahr 410 Rom. Der Holzschnitt aus dem 19. Jahrhundert zeigt den König beim Einreiten in die eroberte Stadt.

nesischen Pholoegebirge ein, ermöglicht ihnen aber im letzten Moment den Abzug.

Nun wendet sich Alarich gegen Italien. Er siegt über weströmische Truppen bei Aquileja, wird aber von Stilicho bei Pollentia und ein Jahr später bei Verona geschlagen. Im Jahr 408 fällt Stilicho einer Hofintrige zum Opfer: Man wirft ihm vor, er habe mit den Westgoten gemeinsame Sache gemacht und er wird, obwohl er Vormund und Schwiegervater des Kaisers Honorius, also Mitglied der kaiserlichen Familie ist, enthauptet. Das ist für die Westgoten ein Signal zu neuem Aufruhr: Alarich geht über den Po schnurgerade auf Rom los. Von römischen Gesandten auf die riesigen Menschenmengen in der Tiber-Stadt hingewiesen, anwortet der Gotenkönig: „Je dichter das Gras, desto leichter das Mähen." Das Schlimmste wird noch einmal vermieden: Mit einer Zahlung von 5000 Pfund Gold und 3000 Pfund Silber kauft sich Rom los, Alarich zieht ab. Aber 18 Monate später steht er wieder vor den Toren der Ewigen Stadt. Der Kaiser im festen Ravenna hatte ihm das geforderte Amt eines weströmischen Heermeisters oder die Überlassung der Provinz Noricum verweigert — und nun, in der Nacht zum 15. August 410, brechen die Goten durch das Salarische Tor in die Stadt der Cäsaren ein. Zum ersten Mal seit 800 Jahren, seit der Einnahme Roms durch die Kelten 387 v. Chr., sind fremde Truppen in Rom. Drei Tage lang wird die Stadt geplündert, dann verläßt das gotische Heer mit reicher Beute — darunter die 21jährige Tochter des Theodosius Galla Placidia — die schwer geprüfte Stadt.

Alarich wendet sich gen Süden. Er will nach Nordafrika, das damals Roms Kornkammer ist. Er rüstet eine Flotte für die Überquerung des Mittelmeers aus, aber die Schiffe werden von einem Sturm überrascht und zerstreut.

Warum wollte Alarich nach Nordafrika?

Bevor eine neue Flotte gebaut werden kann stirbt Alarich (410). Er bekommt ein ungewöhnliches Grab: Seine Soldaten graben dem Fluß Burentinus (Busento) nahe dem kalabrischen Ort Cosenza, in dem Alarich gestorben ist, ein neues Bett. Der Leichnam des Königs wird mit Schlachtroß, Schmuck und Waffen im Grund des trockengelegten Flusses bestattet, dann leitet man das Wasser des Flusses wieder in sein altes Bett. So ist der Tote vor jedem Zugriff geschützt. Bis heute hat man das Grab nicht gefunden.

Nun erheben die Westgoten Alarichs Schwager Athaulf auf den Schild. Er zieht nach Gallien, erobert dort die Provinzen Narbo (Narbonne), Burdigala (Bordeaux) und Tolosa (Toulouse). Dem Kaiser Honorius zum Trotz heiratet er die schöne Galla Placidia und hofft, durch die Ehe mit der Kaisertochter Roms Zustimmung zu seiner Herrschaft über Gallien zu finden. Aber sein Plan, ein großes Westgotenreich zu gründen, erfüllt sich nicht mehr: 415 stirbt er den damals üblichen Tod aller Mächtigen: Er wird ermordet.

Sein Nachfolger Wallia will wie schon Alarich sein Volk nach Afrika führen, aber wieder sagt die Natur „nein". Auch seine Flotte zerschellt in einem mächtigen Sturm, und Wallia kehrt nach Gallien zurück. Als Unterpfand des Friedens, den er nun mit Rom sucht, liefert er Galla Placidia an den Kaiserhof aus; sie heiratet Constantius III. Als Gegengabe erhält Wallia 418 die drei gallischen Provinzen Aquitanien, Gascogne und den Westteil der Narbonensis, die er im Namen des Kaisers in Besitz nimmt.

Die römischen Einrichtungen bleiben voll bestehen, aber nun herrscht zum ersten Mal ein westgotischer König auch über Römer. Es ist das erste germanische Reich auf römischem Boden, der Form nach allerdings ein Vasallenstaat des Imperiums. Zwei Gesetze gelten in seinem Land, zwei Völker leben miteinander, die durch Sprache, Bildung und Religion getrennt sind. Auch Mischehen sind verboten. Die Goten verstreuen sich als adlige Herrenschicht über das Land, jeder römische Grundbesitzer muß ihnen zwei Drittel seines Bodens ausliefern.

Wallia stirbt 419. Sein Nachfolger Theoderich I. gründet das Tolosanische Reich und bewirkt dessen völlige Lösung vom verfallenden Westrom. Er stirbt 451 im Kampf gegen die Hunnen.

Bevor Alarich I. seinen Traum, auf italienischem Boden einen gotischen Staat zu errichten, wahrmachen konnte, starb er den „Strohtod" (das heißt, er erlag keiner Kriegsverletzung, sondern einer Krankheit) und wurde im Busento begraben. Holzschnitt aus dem 19. Jahrhundert.

Das Mausoleum der Kaiserin Galla Placidia (oben), links Innenansicht mit dem Sarkophag

Sein Sohn und Nachfolger, Theoderich II., wird von einem reichen Römer wie ein römischer junger Edelmann erzogen. So lernt er, römische Lebensart mit germanischem Brauchtum zu verbinden. Der gallische Dichter und Gelehrte Sidonius Apollinaris (433 bis 479) schreibt: „Der König trägt germanische Zöpfe, auch seine Vorliebe für die Jagd ist germanisch. Wie sein Vorfahr Alarich kleidet er seine Leibwache in Pelz. Wenn er aber Musik hören will, schickt er seine lärmende Wache fort, und seine erlesenen Mahlzeiten werden auf feinstem Tafelgeschirr gereicht."

Wie wurde Theoderich II. erzogen?

Genauso, wie er seinen älteren Bruder Thorismund tötete, um König zu werden, wird er nach 13jähriger Regierungszeit 466 von seinem jüngeren Bruder Eurich ermordet, weil dieser König werden will.

König Eurich (Urheber der ersten germanischen Rechtssammlung, des „Codex Euricianus", die er von römischen Beamten niederschreiben läßt) erweitert sein Reich in zahlreichen Kriegszügen, so daß es sich nun von der Loire und der Rhône bis nach Spanien erstreckt. 507 geht das Gebiet jenseits der Pyrenäen bis auf einen kleinen Küstenstreifen um Narbonne an die Franken verloren.

Wie verloren die Könige der Westgoten ihre Macht?

Noch 200 Jahre lang herrschen die Westgoten von der Hauptstadt Toledo aus über die iberische Halbinsel. Aber innere Streitigkeiten, besonders im Herrscherhaus, begrenzen ihre Macht; nur wenige ihrer Könige sterben eines natürlichen Todes. Dabei wächst die Macht des Adels und der Einfluß der Kirche, seit die Westgoten unter König Rekkared 589 zum Katholizismus übergetreten sind. Nun ist die Glaubensschranke zwischen Iberern und Goten aufgehoben, und die Germanen verlieren durch zunehmende Vermischung mit der Urbevölkerung ihr Volkstum. Innere Zwietracht, der durch die Macht des Adels herrschende Unfrieden, Verfallserscheinungen, die sich aus dem Reichtum und dem Wohlleben ergeben, machen das einst so mächtige Reich zu schwach, sich gegen Feinde zu wehren.

Und diese Feinde kommen: Im Jahr 711 dringen mohammedanische Araber unter ihrem Feldherrn Tarik über Gibraltar (Gebel Tarik = Berg des Tarik) in Spanien ein. Bei Xeres de la Frontera besiegen sie die Westgoten und besetzen Toledo sowie alle anderen festen Plätze. Das Reich der Westgoten hat aufgehört zu bestehen. Der größte Teil Spaniens wird auf Jahrhunderte ein arabisches Reich.

Erst nach der Jahrtausendwende besteht Anlaß, noch einmal von den Westgoten zu berichten. In den Bergen des äußersten Nordens und Nordwestens hatten sich nach der Niederlage von Xerez de la Frontera Reste dieses Volkes unter dem König Pelayo behauptet, und von hier aus begann im 10. Jahrhundert die „Reconquista", die Rückeroberung Spaniens für die Europäer. In diesen Kämpfen, die erst 1492 zum erfolgreichen Abschluß kamen, haben sich vor allem die Nachfahren der Westgoten hervorgetan. Aber sie waren durch die Vermischung mit den Iberern und anderen Bewohnern des einst römischen Spaniens schon längst zu Romanen geworden.

Der Zug der Wandalen

Wann kamen die Wandalen nach Mitteleuropa?

„Wandalismus, Vandalismus, von Grégoire Bischof von Blois 1794 geprägtes Schlagwort für sinnlose Zerstörung besonders von Kunstwerken, wie sie die Wandalen 455 bei der Besetzung Roms verübt haben sollen."

So sagt das Lexikon. Heute wissen wir, daß diesem germanischen Stamm sein schlechter Ruf zu Unrecht anhaftet. Tatsächlich haben sich die Wandalen bei ihren ausgedehnten Zügen quer durch Europa während der Völkerwanderung nicht schlechter – wie wir noch lesen werden, eher sogar besser – benommen als andere damalige Heere.

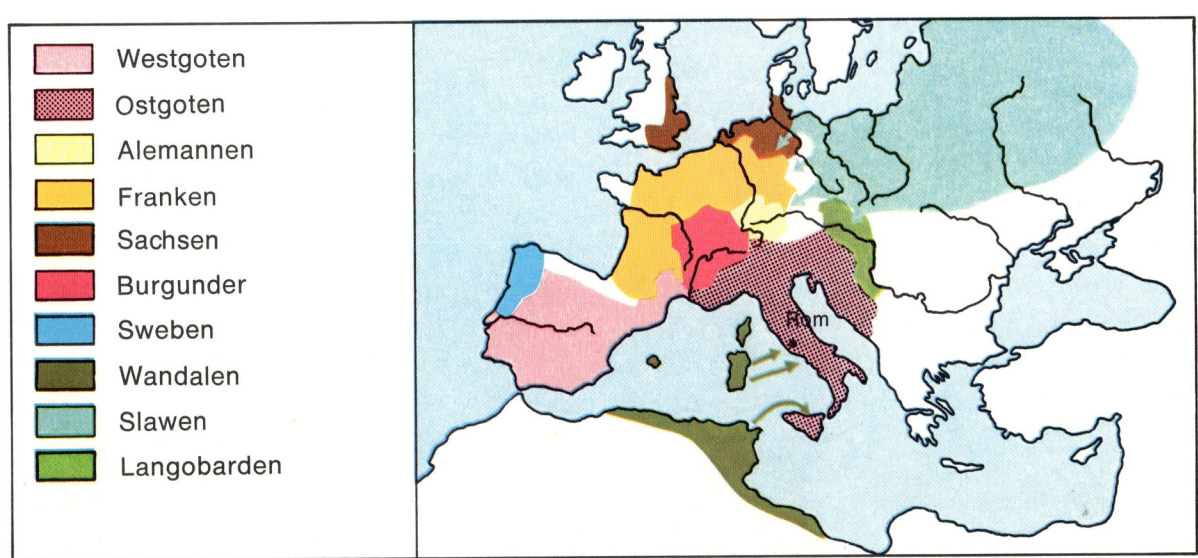

- Westgoten
- Ostgoten
- Alemannen
- Franken
- Sachsen
- Burgunder
- Sweben
- Wandalen
- Slawen
- Langobarden

Europa am Ende der Völkerwanderung im 6. Jahrhundert

Die Wandalen, Mitglieder der ostgermanischen Völkergruppe (*), saßen ursprünglich als Nachbarn der Kimbern und Teutonen in Jütland (Nordjütland heißt noch heute Vendsyssel) und an der Oslobucht. Um etwa 100 v. Chr. tauchen die Wandalen an der Weichsel- und Odermündung auf, später in Schlesien, das seinen Namen von den Silingen, einem der beiden wandalischen Hauptstämme, hat. (Der andere Hauptstamm sind die Aslinger.) Zur Zeit der Markomannenkriege (166—180) unter Kaiser Marc Aurel gegen die Markomannen verlassen die Wandalen ihre neue Heimat und ziehen nach Westen. Als der romanisierte Wandale Stilicho seine Legionen aus Westgermanien abberuft, um sie dem nach Italien eindringenden König Alarich und seinen Westgoten entgegenzuwerfen, überschreiten die Wandalen im Jahr 406 den Rhein, nachdem schon vorher am Unterrhein die Franken, am Mittelrhein die Burgunden und am Oberrhein die Alemannen hinübergegangen sind. Mit den Wandalen kommen die Sweben und die Alanen, die sich dem wandalischen Zug angeschlossen haben.

Drei Jahre später sind sie bereits in Spanien, wo sich die Aslinger und Sweben in Galizien (Nordwestspanien), die Silingen in Andalusien (Südspanien) und die Alanen im Südwesten niederlassen. Im Kampf mit den Westgoten, die ebenfalls nach Spanien eingedrungen waren, werden die Wandalen zum südlichen Spanien gedrängt,

Wo wurden die Wandalen zu Seefahrern?

wo noch heute der Name Andalusien (Wandalusien) an ihre Herrschaft erinnert. Hier entwickeln sie sich, die bisher nur als schneidige Reiter galten, zu den — neben den Wikingern — kühnsten Seefahrern der Weltgeschichte. Sie erscheinen mit ihren kleinen, wendigen und schnellen Schiffen überall an den Küsten des Mittelmeers als gefürchtete Piraten, die regelmäßig reiche Beute mit nach Hause bringen.

König der Wandalen ist zu jener Zeit Geiserich, von dem im 6. Jahrhundert

Elfenbeindiptychon (zusammenklappbare Doppeltafel) des wandalischen Feldherrn Stilicho mit seiner Gemahlin Serena und ihrem Sohn Eucherius. Auf Stilichos Schild sieht man Honorius und Arcadius, die Söhne des Theodosius, des damaligen Kaisers von West- und Ostrom.

der Geschichtsschreiber Jordanes sagt: „Von mittlerer Statur, in Folge eines Sturzes vom Rosse hinkend, tiefen Geistes, schweigsam, Verächter des Wohllebens, rasend im Zorn, habgierig, weitblickend, wenn es darum geht, die Völker aufzuwiegeln, und von größter Verschlagenheit, den Samen des Streites zu säen und Haß zu erzeugen." Ein anderer Geschichtsschreiber, der Römer Idatius, nennt ihn kurz den „furchtbarsten aller Sterblichen".

---

* Zu den Ostgermanen rechnet man die nach Sprache und Kultur enger verwandten Stämme der Goten, Bastarner, Skiren, Rugier, Wandalen, Burgunder, Gepiden und Heruler. Als Westgermanen gelten die zwischen Rhein, Donau und Oder ansässigen germanischen Völker, aus denen später die Deutschen, die Niederländer und die Engländer hervorgegangen sind.

Auf der anderen Seite des Mittelmeeres, in Nordafrika, sitzt als Statthalter Roms ein Heerführer namens Bonifatius, der bei Kaiserin Placidia nach einer Hofintrige in Ungnade gefallen ist. Als er unter Verlust aller Ämter nach Rom zurückgerufen wird, verweigert er die Reise und lädt — zu seiner eigenen Verstärkung — heimlich die Wandalen ein, nach Nordafrika zu kommen. Als Gegenleistung verspricht er ihnen einen Teil seiner Provinz, zu jener Zeit eine der reichsten und produktivsten Teile des Imperiums.

Warum rief Bonifatius die Wandalen nach Nordafrika?

Das läßt Geiserich sich nicht zweimal sagen. Im Jahr 429 gehen die Wandalen mit etwa 20 000 Kriegern über die Meerenge von Gibraltar und gelangen nach einem Marsch entlang der Küste in die römische Provinz, wo sie in stürmischen Angriffen bald alle Plätze mit Ausnahme von Hippo und Karthago besetzen.

Bonifatius siedelt die Wandalen als Föderaten in einem Teilgebiet an, aber das ist Geiserich nicht genug. 439 überfällt er Karthago, erobert es und eröffnet von dort aus über das Meer seine Angriffe auf fast alle Mittelmeerküsten. Seine Schiffe nehmen bald darauf Sardinien, Korsika, die Balearen sowie den Westteil von Sizilien in Besitz. 450 plündern sie die Städte Capua und Neapel, 455 erscheint Geiserichs Flotte an der Tibermündung vor Rom. Dort bricht Panik aus, Kaiser Valentinian III. wird ermordet. Papst Leo I. handelt dem arianischen Wandalenkönig das Versprechen ab, Rom „ohne Feuer und Schwert" zu besetzen — und Geiserich hält sich an diese Zusage. Es wird nichts sinnlos zerstört, wohl aber 14 Tage lang auf das gründlichste geplündert. Als die Wandalen nach Nordafrika zurückkehren, führen sie wertvolle Beute mit, selbst die vergoldeten Bronzeziegel des Jupitertempels werden nach Karthago gebracht. Zur Beute gehören weiter die Kaiserin mit ihren beiden Töchtern (von denen eine, Eudoxia, später Geiserichs Sohn Hunerich heiratet) sowie zahlreiche römische Facharbeiter und andere Spezialisten.

Dem römischen Kaiser Zeno blieb nichts anderes, als die Herrschaft der Wandalen in Nordafrika anzuerkennen. Seine Wandalen siedelt der König nicht zersplittert, sondern in und um Karthago geschlossen an. Die römischen Grundbesitzer hat er enteignet, an ihre Stelle setzt er seine tapfersten und erfolgreichsten Krieger.

Damit aber schafft er — ohne es zu wissen und zu wollen — den Keim zum Untergang seines Volkes. Der überwältigende Reichtum, der ihnen so plötzlich zufällt, bricht die Lebenskraft des weitgewanderten Volkes. Aus den kühnen Reitern und Seeleuten werden nun reiche Grundherren, die Villen mit Gärten und Wäldern besitzen und sich in Seidengewändern und reichem Schmuck gefallen. Römische Lebens-

Wie lebten die Wandalen in Nordafrika?

Wandale zu Pferd, Mosaik aus dem 6. Jahrhundert

Die Hagia Sophia in Byzanz, von Kaiser Justinian I. im Jahr 532 erbaut. Die 55,6 m hohe Kirche wird von einer gewaltigen Kuppel von 33 m Durchmesser gekrönt. Die Hagia Sophia wurde 1453 von den Osmanen in eine Moschee umgewandelt, die Minarette wurden angebaut. Heute ist die Hagia Sophia ein Museum.

art wird bewundert und nachgeahmt; schließlich werden die Wandalen willfährige Opfer der in Karthago verbreiteten Sittenlosigkeit und Verweichlichung, der sie anfangs mit Energie und Erfolg entgegengetreten sind.

Auf dem Totenbett (477) bestimmt Geiserich, daß jeweils der Älteste und Erfahrenste aus dem Königshaus den Thron erben solle. Dieses Senioratsrecht hat der König wohl bei den benachbarten Mauren kennengelernt. Aber auch das nützt nichts: Das Wandalenreich, das erste selbständige germanische Königreich auf römischem Boden, überlebt seinen Gründer nur um 57 Jahre.

Auf Geiserichs Sohn Hunerich folgt Gundamund (484—496). Dieser ist zwar in Kleinkriegen gegen die Mauren erfolgreich, aber sein Versuch, das inzwischen von Römern besetzte Westsizilien zurückzuerobern, schlägt fehl. Unter Gundamunds Nachfolger Thrasamund erschüttern blutige Thronstreitigkeiten das Reich. Hilderich, Hunerichs Sohn, läßt nach Thrasamunds Tod dessen Witwe Amalafrida (vergl. Seite 31) und deren Gefolge töten, um ihre Ansprüche auf das Thronerbe auszuschalten. Als er — ein erklärter Römerfreund — der katholischen Kirche in Nordafrika ihre Besitzungen zurückgibt, läßt ihn sein Vetter Gelimer 533 ermorden und erhebt sich selbst zum König.

Diesen Mord empfindet Byzanz als Herausforderung. 15 000 oströmische Soldaten landen unter Belisar in Nordafrika und eilen von Sieg zu Sieg; die Wandalen müssen Karthago fluchtartig verlassen. Gelimer ergibt sich 534, er wird mit seinem Königsschatz nach Byzanz gebracht und im Triumphzug mitge-

Beigaben aus einem Fürstengrab.

Ein alemannisches Grab mit Skelett und Beigaben wie Lanzen, Holzgefäßen und Bogenpfeilen. Das Grab wurde bei Tuttlingen gefunden. Weil dem Toten auch eine sechssaitige Leier mitgegeben wurde, nennt man das Grab auch das „Sängergrab".

führt. Später werden ihm Ländereien in Kleinasien als Exil zugewiesen.
Der Rest der Wandalen geht schnell in der nordafrikanischen Bevölkerung auf. Wieder hat ein germanisches Volk aufgehört zu bestehen.

Wie endete das Reich der Sweben?

Auch die Geschichte der einst mit den Wandalen vereinigten Sweben neigt sich bald ihrem Ende zu. Als die Wandalen Andalusien verlassen, um in Nordafrika zu siedeln, bleiben die Sweben in Nordspanien, dem heutigen Galizien. Aus dem Galicäischen Gebirge heraus, das das kleine Volk wie eine schwer zugängliche Festung schützt, beginnen sie ihre umfangreichen Plünderungszüge durch ganz Spanien, das sich damals — von den Wandalen verlassen und von den Westgoten noch nicht restlos besetzt — nicht wehren kann. Swebenkönig Rekiar (448–456) bekennt sich zum Katholizismus, seine Nachfolger gehen zum Arianismus zurück, um dann aber doch wieder Katholiken zu werden. Als die Plünderungszüge immer umfangreicher und grausamer werden, unternehmen die Römer und Westgoten einen gemeinsamen Angriff auf das Swebenland. Rekiar entkommt zunächst auf die hohe See, wird aber, von widrigen Winden an die Küste zurückgetrieben, gefangengenommen und getötet.
Nun befindet sich das Swebenreich unter westgotischer Herrschaft, mehrere Befreiungsversuche mißlingen. Schließlich geht es ganz und endgültig im Westgotenreich auf. Seit 585 tragen die Westgotenkönige den Zusatz „und König der Sweben". Damit sind die Sweben, soweit sie nach Spanien ausgewandert waren, aus der Geschichte verschwunden.
Ihr Name hielt sich dagegen im Südwesten Deutschlands. Dorthin waren im 4. Jahrhundert die Alemannen ausgewandert, die bis um 100 n. Chr. in der Mark Brandenburg seßhaft gewesen waren. Die Alemannen waren aus dem Zusammenschluß verschiedener swebischer Völkerschaften entstanden und nannten sich „Sweben". Ihre Nachfahren haben den Namen „Schwaben" bis heute erhalten.

Europa nach der Völkerwanderung

Wann ging die Völkerwanderung zu Ende?

Als die Völkerwanderung im Jahr 568 mit der Eroberung Italiens durch die Langobarden zu Ende ging, bot die europäische Landkarte ein von Grund auf verändertes Bild. Das Weströmische Reich, das von Rom aus viele Jahrhunderte lang einen großen Teil der damals bekannten Welt beherrscht hatte, existierte nicht mehr, ebenso das Reich der Ostgoten in Italien und das Reich der Wandalen in Nordafrika. Aber auch die Reiche der Westgoten und der Sweben in Spanien und das Reich der Langobarden sollten nur wenige Jahrhunderte später von der Landkarte verschwinden. Das Oströmische Reich konnte sich zwar noch länger behaupten, schrumpfte aber nach 1204 zur Zeit der Kreuzzüge zu einem kleinasiatischen Restreich ohne politische Bedeutung zusammen.

Nur zwei germanische Reichsgründungen der Völkerwanderungszeit bestehen, wenn auch in veränderter Form, bis zum heutigen Tag: Das Reich der Franken und das Reich der Angeln und Sachsen.

Das Fränkische Reich ist die bedeutendste Reichsbildung des frühen Mittelalters. Es umfaßte germanische und romanische Völker und bildete die Grundlage für die kulturelle und politische Entwicklung des Abendlandes. Seine Geschichte begann im 3. Jahrhundert, als die westgermanischen Franken („Freie") sich über den Niederrhein und die Maas nach Süden und

Dieser eiserne Helm aus dem 7. Jahrhundert wurde bei Vendel (Schweden) in einem reich ausgestatteten Bootsgrab der Wikinger gefunden.

Westen auszubreiten begannen. 486 beseitigten sie in Gallien die Reste der Römerherrschaft, in rascher Folge eroberten sie in den folgenden Jahren Teile des Alemannen- und des Westgotenreichs. 531 eroberten sie das Reich der Thüringer, 534 das Burgundenreich. Seine größte Ausdehnung erreichte das Fränkische Reich unter Karl dem Großen (768–814), der das Langobardenreich, die Sachsen und das Awarenreich unterwarf. Er wurde am 25. Dezember 800 zum Kaiser gekrönt.

Aus welchem Reich entstand Deutschland?

Seine drei Enkel, die Söhne Ludwig des Frommen, teilten das Frankenreich 843 im Vertrag von Verdun untereinander auf: Karl der Kahle erhielt das Westfränkische Reich, das sich zwischen Schelde, Argonnen, Saône und Rhônemündung erstreckte, das Stammland der heutigen Republik Frankreich. Ludwig der Deutsche erhielt das rein germanische Land östlich des Rheins und der Aare. Aus diesem Ostfränkischen Reich entstand später das Deutsche Reich. Man kann das Jahr 843 deshalb als Deutschlands Geburtsjahr ansehen. Der älteste, Lothar I., erbte die Kaiserwürde, das Königreich Italien und das zwischen dem Ostfränkischen und dem Westfränkischen Reich gelegene, später nach ihm benannte Lotharingen (heute Lothringen).

Auch das heutige Großbritannien gründet letzten Endes auf der Völkerwanderung. Um 450 landeten germanische Jüten, Angeln und Sachsen in dem um 400 von Römern verlassenen England und verdrängten die keltischen Briten, die ihrerseits zu Beginn der geschicht-

Karl der Große zu Pferd; Bronze aus dem 9. Jahrhundert.

lichen Zeit nach England gekommen und mit den Ureinwohnern, den vorindogermanischen Pikten und Skoten, verschmolzen waren. Die Kelten zogen sich nach Wales in den Südwestteil der Insel und nach Schottland zurück. Die Kleinkönigreiche der neuen Herren schmolzen allmählich zu einem Staat der Angelsachsen zusammen. 1066 unterlag der letzte angelsächsische König von England dem Herzog der Normandie, Wilhelm dem Eroberer, der als Wilhelm I. neuer König und Ahnherr aller seither regierenden britischen Herrscher wurde.

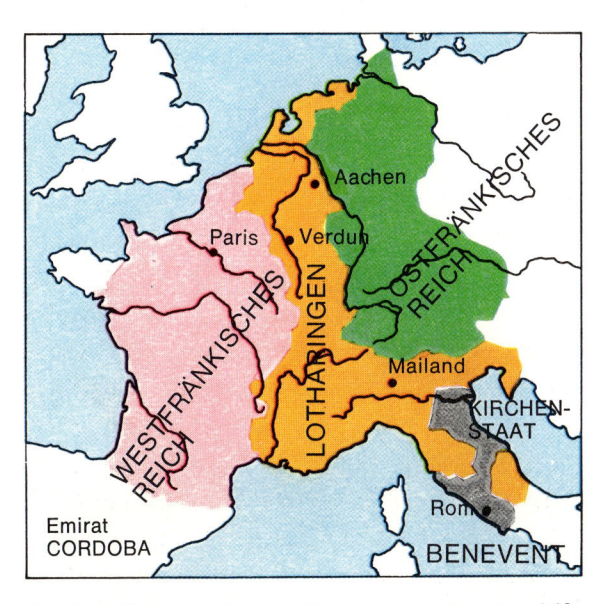

Wann drangen die Slawen nach Mitteleuropa vor?

Auch der Osten Europas hat sein Gesicht während der Völkerwanderung verändert; denn in die von den Ost- und Westgermanen verlassenen Gebiete rückten Slawen nach. Über Schicksal und Herkunft dieser indogermanischen Volksgruppe weiß man wenig. Ihre Urheimat ist wahrscheinlich

Reichsteilung nach dem Vertrag von Verdun 843

Seegehendes Ruderschiff, nach seinem Fundort „Nydamschiff" genannt. Mit solchen Schiffen fuhren die Angelsachsen nach England.

nördlich der Karpaten zwischen Weichsel und Dnjepr zu suchen. Um die Mitte des ersten Jahrtausends n. Chr. drangen sie in die von Germanen verlassenen Gebiete auf der Balkanhalbinsel und im Westen bis zu einer Linie Ostalpen, Böhmerwald, Saale, Elbe, Kieler Bucht ein. Dabei teilten sie sich in die bis heute bestehenden Gruppen der **Ostslawen** (Russen, Ukrainer, Weißruthenen), **Westslawen** (Tschechen, Slowaken, Polen, Sorben, Kaschuben, Masuren) und **Südslawen** (Slowenen, Kroaten, Serben, Bulgaren, Makedonen). Durch Zusammenschluß mehrerer Stämme unter gemeinsamen Fürsten entstanden größere Staatsgebilde wie zum Beispiel im 7. Jahrhundert das Reich der Tschechen und das Reich der Bulgaren, in späteren Jahrhunderten das kroatische Reich, das serbische, das polnische und das von skandinavischen Warägern gegründete russische Reich. Die Waräger waren nach Osten vorgedrungene Normannen, die von den Slawen „Rus" genannt wurden.

Wie veränderte die Völkerwanderung die Lebensweise der Europäer?

Nicht nur die politische Landkarte, sondern auch die Lebensweise der Europäer hatte sich während der Völkerwanderung gründlich geändert. Nun gewann der Ackerbau seine ursprüngliche Bedeutung zurück. Zunächst wurde vorwiegend Getreide angebaut, den Pflug mit eiserner Pflugschar zogen Ochsen. Man benutzte auch andere Geräte wie zum Beispiel die Egge; die hochentwickelte spätrömische Technik, die sogar eine Art Mähmaschine hervorgebracht hatte, geriet jedoch in Vergessenheit.

Neben dem Ackerbau wurde zunehmend Gartenbau betrieben, der Obst und Gemüse lieferte. Und die Germa-

Mitte des 5. Jahrhunderts landeten die Angeln, Sachsen und Jüten in England und eroberten die Insel. Der Holzstich aus dem vorigen Jahrhundert zeigt die beiden legendären Eroberer Hengist und Horsa, deren tatsächliche Existenz jedoch geschichtlich nicht als gesichert gilt.

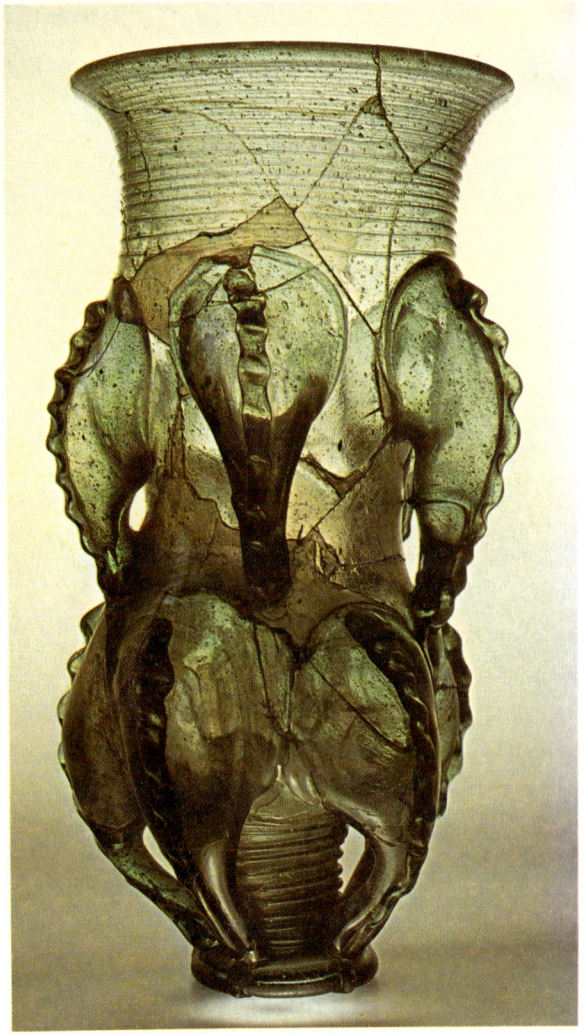

Fränkischer Rüsselbecher aus grünem Glas mit andersfarbigen Einsprengseln und hohlen Rüsseln.

nen lernten, den Wein, den sie bisher von den Römern bezogen hatten, selber anzupflanzen und seinen Saft zu keltern. Je stärker sich an den Residenzen höfisches Leben entwickelte, desto mehr wurde der Weinbau gefördert.

Zentrum des Ackerbaus war das Dorf, das von freien Bauern mit ihren Sklaven und Halbfreien bewohnt wurde. Daneben entstanden Herrensitze und Befestigungen, aus denen später Burgen wurden.

Besonders nachteilig wirkte sich die Völkerwanderung auf viele Städte aus. Bis zur Mitte des 4. Jahrhunderts waren sie Mittelpunkt des allgemeinen und vor allem kulturellen Lebens gewesen. Als sich aber immer neue Heere und Völkerschaften durch ihre engen Gassen wälzten, wurden zahllose Kulturstätten und -gegenstände entweder zerstört oder als Beutegut fortgeschafft. Der Glaubenseifer der verschiedenen religiösen Gruppierungen tat ein übriges: Heiden, Arianer und Katholiken bekämpften sich nicht nur gegenseitig bis aufs Messer, sie zerstörten auch, was sie an Kultgegenständen der Andersgläubigen fanden. Was nach der Eroberung einer Stadt verschont geblieben war, wurde oft zweckentfremdet weiter benutzt: Kirchen wurden zum Beispiel zu Pferdeställen oder Marktplätzen, Schulen wurden verbrannt oder zu Amtsstuben oder anderen öffentlichen Einrichtungen umfunktioniert. So kam auch das gesamte Schul- und Bildungswesen der Antike — zwar im allgemeinen nur den Reichen zugänglich, aber von sehr hohem Niveau — zum Erliegen.

Hier nun beeilten sich Kirche und Klöster, in die Bresche zu springen.

Wie wurden Könige und Kirche Träger der europäischen Kultur?

Neben den äußerlich oft sehr bescheidenen Residenzen der Könige boten vor allem sie den Künsten und Wissenschaften neue Zuflucht. Sie führten auch das Schulwesen fort; dürftige Schul- und Sachbücher traten an die Stelle der großen Bibliotheken, die in Kriegen und Schlachten verlorengegangen waren.

Mönche schrieben in den Klöstern erhalten gebliebene Bücher, die vom Verfall bedroht waren, ab und bewahrten damit ihren Inhalt für die Nachwelt. Was wir heute über die Antike wissen, verdanken wir zum großen Teil der Arbeit dieser Mönche.

Walther und Hildegund

Drachentöter Siegfried

Die Völkerwanderung in der Sage

Große Umwälzungen in der Geschichte der Völker des Altertums haben sich oft in den Sagen der betreffenden Kulturkreise niedergeschlagen.

Wie entstehen Heldensagen?

So war es mit dem Kampf um Troja, der um 1200 v. Chr. geführt wurde und in den Epen des griechischen Dichters Homer sein großartiges Echo fand; und so war es auch mit der Völkerwanderung. Was damals geschah, wurde in seinen Höhepunkten von fahrenden Sängern über Jahrhunderte hinweg in Liedern überliefert. So entstanden die deutschen Heldensagen, von denen zumindest vier — das Walthari-Lied, das Nibelungenlied, die Sage von Dietrich von Bern und die seines Waffenmeisters Hildebrand — auf die Völkerwanderung zurückzuführen sind.

Im Gegensatz zu der dem Märchen benachbarten Sage fußt die Heldensage also auf historischen Begebenheiten. Dabei werden allerdings Ereignisse, die oft mehrere Jahrhunderte auseinanderliegen, so geschildert, als seien sie gleichzeitig oder unmittelbar nacheinander geschehen. In der Dietrich-Sage treten der Ostgotenkönig Ermanerich (gest. um 375), der Hunnenkönig Attila (= Etzel, gest. 453) und Dietrich von Bern (= Theoderich der Große, gest. 526) als Zeitgenossen auf.

Auch werden geschichtliche Tatsachen gelegentlich falsch dargestellt. Im Hildebrandslied zum Beispiel flieht Dietrich von Bern (Bern = Verona) vor Odoaker und lebt 30 Jahre lang an Etzels Hof, wo er den Kampf zwischen Hunnen und Burgundern durch die Gefangennahme Gunthers und Hagens beendet. In Wahrheit hat er aber Odoaker mit eigener Hand ermordet.

Auch historische und reine Sagengestalten werden frei vermischt. Im Nibelungenlied ermordet Hagen, der treue Vasall des Königs Gunther, den Drachentöter Siegfried. Gunther hat tatsächlich in Worms gelebt, einen Siegfried hat es aber nie gegeben. Auch dem Waltharilied, der Sage der beiden Königskinder Walther von Aquitanien und seiner Verlobten Hildegund von Burgund, die als Geiseln von Etzels Hof flohen, liegen historische Tatsachen zugrunde.

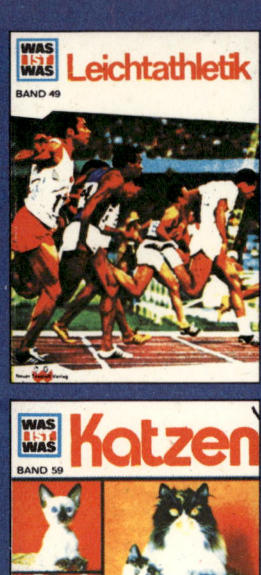

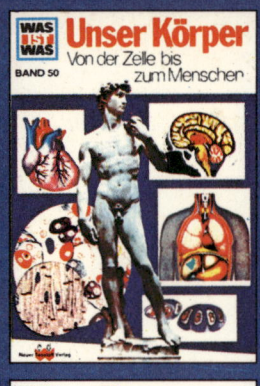

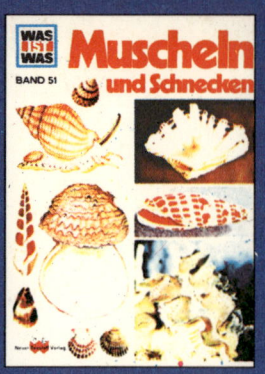

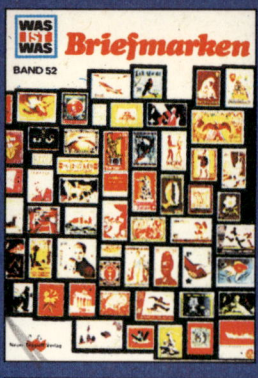

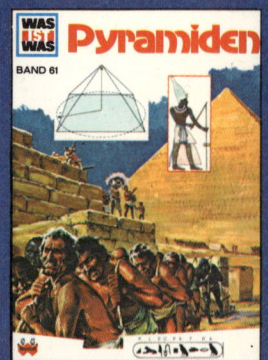

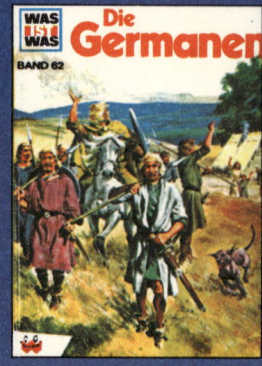

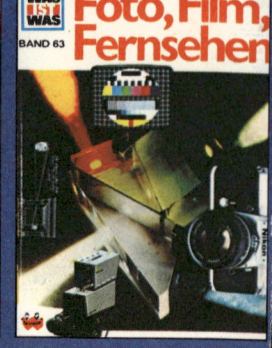

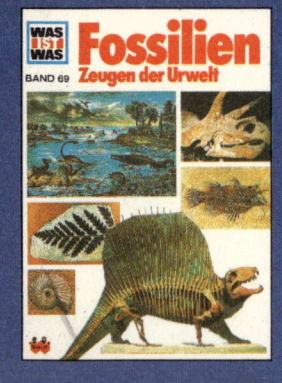

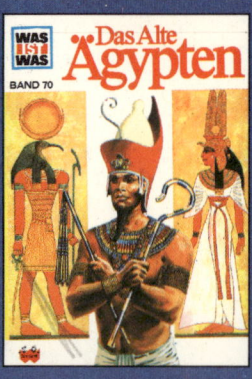

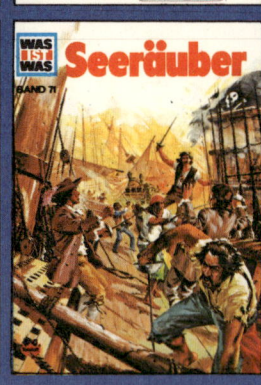

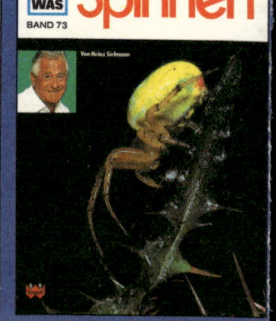

Band	Titel
49	Leichtathletik
50	Unser Körper – Von der Zelle bis zum Menschen
51	Muscheln und Schnecken
52	Briefmarken
53	Das Auto
59	Katzen
60	Die Kreuzzüge
61	Pyramiden
62	Die Germanen
63	Foto, Film, Fernsehen
69	Fossilien – Zeugen der Urwelt
70	Das Alte Ägypten
71	Seeräuber
72	Heimtiere
73	Spinnen